ÁNGEL BECCASSINO

LOS ESTADOS UNIDOS DE TRUMP

EDITORIAL OVEJA NEGRA
Fundada en 1969

ÁNGEL BECCASSINO

LOS ESTADOS UNIDOS DE TRUMP

EDITORIAL OVEJA NEGRA
Fundada en 1969

1ª edición: agosto de 2016

beccassinoangel@hotmail.com

www.editorialovejanegra.com
editovejanegra@yahoo.es
Cra. 14 Nº 47 - 39 Of. 205 Tel.: (57 1) 302 06 22
Bogotá, Colombia

ISBN: 978-958-06-1349-7

Diseño portada: Mauricio Sierra

Impreso por Periódicas SAS.

Impreso en Colombia – Printed in Colombia

"Hay que ser fuerte, ésa es la única verdad. Y no tener piedad. Y aunque uno se sienta cansado, decirse: Estoy cansado ahora, estoy arrepentido ahora, pero no lo estaré mañana. Esa es la verdad. Mañana."

Roberto Arlt, Los siete locos.

UNO

TRUMP vs. CLINTON

EL ICEBERG Y EL TITANIC

"Está haciendo que la gente le preste atención a la política, y eso no es malo. Ha fomentado una conversación, no sólo entre la extrema derecha, también en el centro y la izquierda".
Jared Leto, actor, en una entrevista, refiriéndose a Donald Trump y su campaña.

1. TIEMPOS RUDOS, REALITY SHOW.

Hacia el fin del siglo anterior un muchacho de nombre Tiazinha disparaba ratings en la *rede* brasilera Bandeirantes, con un show sadomasoquista. Lo conducía con máscara de Zorro, portaligas, zapatos de aguja y látigo, y el punto de aullido en la audiencia era cuando arrancaba vellos del cuerpo de sus invitados, como castigo cada vez que fallaban una respuesta.

Esa sintonía masiva con el circo romano, particularmente cuando la gente tiene motivos para estar deprimida, es lo que explica en gran parte el éxito de espectáculos bizarros como el de Rodrigo Duterte en Filipinas, o el de Donald Trump en Estados Unidos.

"*Al pueblo hay que atemorizarlo para que no se exceda*", decía el Conde-Duque de Olivares, político español de nombre Gaspar de

Guzmán y Pimentel Ribera y Velasco de Tovar, nacido en 1587 en Roma, y de quien cuelga en algún museo un retrato firmado por Velázquez. Desde ese mismo pensamiento, un protagonista de reality show y actor porno de 29 años asesinó en junio de 2012 a su novio chino en Montreal, y usó el cuerpo para enviar por correo un mensaje en trozos a los principales partidos políticos canadienses. En Ottawa, el Partido Conservador recibió un paquete con un pie, y la oficina de correo de Montreal no dejó seguir su curso a una caja con una mano dirigida al Partido Liberal. ¿Cuál era el mensaje? Algo así como tiemblen, políticos, que ahora voy por ustedes.

En 2016 otro protagonista de reality show, Donald Trump, sin apelar al serrucho y el servicio postal, también introdujo el pánico en la abulia de los partidos políticos de Estados Unidos. Cuando comenzó la carrera, quienes no observan más que la aparente superficie de las cosas vieron un payaso, un arrogante Titanic con una gran chequera propia que le permitía irrumpir en el escenario, condenado inevitablemente al iceberg. Tanto así que el diario digital Huffington Post decidió cubrir su campaña desde las páginas de entretenimiento y sociales. Unas cuantas semanas después se encontraron ante un candidato presidencial con grandes posibilidades, al que, sin embargo, visceralmente seguían negando. Y aunque los días fueron pasando, y los resultados comenzaron a ser termómetro de un estado de ánimo no registrado por las encuestas en el votante, siguieron negando la evidencia que había delante hasta que fue tarde.

Dejando en el camino a dieciséis competidores, incluido Jeb, que aspiraba a ser el tercer presidente de la dinastía Bush, Trump llegó solo al final de la carrera por la nominación republicana. La competición, en la que los últimos dos obstáculos que quedaban abandonaron antes de las últimas elecciones primarias, lo dejó seis puntos debajo de Hillary Clinton en las encuestas, aunque con una opinión desfavorable del 67%, mayormente en mujeres, jóvenes, latinos y afroamericanos. Pero en pocas semanas el *showman* comenzó a recomponer el cuadro, afinando los ataques, ajustando la estrategia hacia los estados más urbanos y poblados, que tradicionalmente votan demócrata, sin descuidar a los estados rurales que votan republicano.

Frente a él, la candidata demócrata Hillary Diane Rodham Clinton, con oficio largo en campaña, desde 1964, cuando siendo líder de la Juventud Republicana hizo campaña por el candidato presidencial Barry Goldwater, belicista partidario de utilizar la bomba atómica en Vietnam, radical opositor al "*estado de bienestar*" instaurado por Franklin D. Roosevelt, tanto como a la igualdad de derechos civiles para los afroamericanos. Y a quien respaldaba apasionadamente el Ku Klux Klan.

Derrotado Goldwater por Lyndon Johnson, Hillary hizo campaña por Nelson Rockefeller, y al perder este ante Nixon, decidió cambiar de camiseta, pasándose al partido Demócrata, del que sería fracasada candidata presidencial en 2008 ante Obama, y por el que se convirtió en la histórica primera mujer candidata de uno de los dos partidos.

Clinton confía en una campaña estructurada, convencional en los contenidos, con respuestas bien elaboradas para cada tema, un marketing *one-to-one*: segmentos, nichos, micromarketing. No hay novedad, no hay sorpresa en su campaña. Trump en cambio es pura inconsistencia, sobresaltos, novedad constante, una caja de sorpresas, un escándalo.

Si en la campaña por la candidatura otros tenían una plataforma de tres, cinco, siete, diez puntos que fijaban su posición, él no. Él expresa visiones generales. Y frecuentemente las expresa utilizando vulgaridades, "*malas palabras*", insultos a sus adversarios, a los que acusa de mentirosos, corruptos, perdedores, dañinos. Insulta a las minorías, hispanos, musulmanes..., y al hacerlo, indudablemente, se divierte, y esa actitud refuerza su atractivo, aun para aquellos y aquellas a quienes ataca.

Lanzó su candidatura diciendo que entre los inmigrantes mexicanos llegaban delincuentes, violadores, traficantes de drogas. Luego prometió prohibir la entrada de musulmanes a Estados Unidos. Tampoco anduvo con suavidades cuando se trató de referirse a mujeres, Clinton, Heidi Cruz, Carly Fiorina... Es un absoluto salvaje. Su juego recuerda al de Alberto Fujimori y Vladimiro Montesinos utilizando la prensa amarilla, que habían inventado para destruir o intimidar a sus opositores, desacreditando con escándalos sexuales unas veces, con historias bochornosas de cualquier tipo otras. Esa "*prensa chicha*" que titulaba "A *fulano lo vieron cerca de un motel con un negrazo*", o "*La mujer de tal anda probando camas*".

Trump sabe que, como Hollywood dice, ningún efecto especial salva al mal guionista. El relato *transmedia* en comunicación política, hecho de mensajes de pocos segundos para televisión, vallas, jingles, canciones, grafitti, cómics, avisos de prensa, blogs, videojuegos, podcasts, fan page, twitter, Snapchat, Instagram…, solo funciona si hay un buen guion. Y el mejor guion es el que tiene un mapa claro, que marca la ruta a esos detalles que se van creando sobre el calor de los días. Y el mapa del magnate está trazado sobre los miedos económicos y el hartazgo político de los ciudadanos.

Mientras Hillary Clinton es asesorada sobre cómo se viste en cada ocasión, si se maquilla más o menos, si el pelo de esta forma o de la otra, si el taco qué tan alto, Trump confía en su olfato y el del trazado sobre los miedos que han hecho sus estrategas, y no se preocupa de nada más que de su raro peinado, peluquín o lo que sea. Que lo cuida sin perder el aire de jugador callejero, de natural, del que por sobre todo está en la jugada. Aunque siga al detalle el guion.

Los alarmistas toman muchas de las anécdotas que genera al pie de la letra. Se asustan y sacan del baúl aquel 14 septiembre de 1930, el Partido Nacional Socialista de Hitler saltando de los 800.000 votos de 1928 a más de 6 millones, lo que lo convertía en el segundo partido de Alemania. Los editoriales de los viejos periódicos advierten sobre la inminencia de tiempos oscuros. Trump ríe por lo bajo y busca el siguiente tema que lo sostendrá en los titulares, abaratando los costos de su campaña. Confía en que la gente no se quedará fijada en ningún escándalo, tal como ocurre en las redes sociales, sabe que el comentario espantoso de un momento será reemplazado en instantes por el gatito que juega con un pollito, y este por el bebé que grita ¡*caca*!

El hombre con nombre de pato *made in Disney* viene de manejar Miss Universo, casinos, shows. Y temores viejos y nuevos.

Sabe cosas. Por ejemplo, aquello que bien dijo en un momento de su campaña contra la señora Clinton el demócrata Bernie Sanders, "*El verdadero cambio siempre ocurre desde las bases*". Y Donald sabe seducir a esas bases con su estilo salvaje.

Un año antes Sanders había lanzado su candidatura sin equipo ni organización, pero con un discurso antisistema escorado hacia *la izquierda*, que funcionó potente al conectar con el descontento de los jóvenes, los desempleados y otras franjas del país, permitiéndole una gran serie de victorias en las elecciones primarias, e incluso superar a Clinton tres meses en las cifras de recaudación. Y llegar a la última estación, California, con alguna opción. Observándolo, Trump saca conclusiones, comprende el descontento que le funciona al curtido político demócrata, y no duda en utilizar fragmentos de ese discurso, mezclándolos con otros de derecha, y otros extremistas, si analiza que con esa mezcla moverá sentimientos que puedan traducirse en votos.

Sabe moldear hechos para lograr la impresión que quiere, partiendo del efecto para crear la causa, como componía Edgar Allan Poe a mediados del siglo XIX. Siendo parte de ese pequeño grupo de multimillonarios para quienes los impuestos son, antes que cualquier otro significado, una molestia, él puede dar vuelta los sentimientos que eso genera en la gente, reconociéndolo de frente. Eso lo diferencia de aquellos que se disfrazan de corrección política escondiendo sus cuentas en el pequeño cantón suizo de Zug, con veinte mil habitantes y treinta mil empresas. Esos filántropos que llegan cada verano a las Rocosas en sus jets Gulfstream, gente que, como Jeff Bezos, de Amazon, tienen un patrimonio superior a 20.000 millones de dólares, pero solo pagan un 5% de impuestos en Estados Unidos, donde la norma es 22%. O los hermanos Koch, multimillonarios que en sus tertulias de Aspen arman conspiraciones por el impuesto cero, para eliminar toda tributación sobre beneficios y plusvalías.

Hijo de un constructor de viviendas de Brooklyn, Trump, que cruzó el puente y triunfó en Manhattan, se presenta como un nuevo rico desacomplejado que, como dice Michael D'Antonio en la biografía *Never enough* (Nunca basta), citando una expresión del millonario, desprecia "*el club del esperma con suerte*", el de los herederos.

Frente a él, el obstáculo, Hillary Clinton, la esposa del ex presidente Bill, fría como un Iceberg. Una mujer a la que se atribuyen algunos de los mayores avances de la igualdad en Estados Unidos, que tras más de cuarenta años de oficio en política se siente un Titanic ganador, se ha topado con una brecha generacional y no logra convencer a los jóvenes, que prefieren a un viejo velero, romántico, izquierdoso, Bernie Sanders.

Clinton es mujer, pero también es blanca, política, millonaria, parte del establishment, y como tal, parte del problema. Apela al género, pero este ya tuvo su cuarto de hora, no mueve a la generación *millennial*.

El 10 de febrero de 2007, cuando Barack Hussein Obama lanzó su precandidatura a presidente de EE.UU. desde las escalinatas del viejo Capitolio de Springfield, Illinois, la candidata preferida del partido demócrata era ella. Pero entonces Obama señaló: "*En cada época hubo una generación que se levantó e hizo lo que tenía que hacer. Hoy escuchamos el llamado una vez más y ha llegado el momento de que nuestra generación responda a ese llamado*". La ex primera dama tenía detrás suyo al *establishment* y a los grandes contribuyentes del partido, igual que en 2016 frente a Trump. Tenía la organización y la plata. Pero la nominación fue para Obama. Ella era más de lo mismo. Obama era lo nuevo, el sacudón, la seductora posibilidad del Cambio.

Lo que siguió es historia. Llegó la campaña en su fase final, el mar se agitó como pocas veces antes. Pero la magia, a la que había servido de contraste Hillary Clinton, movió hasta montañas. Mientras el republicano John McCain nunca logró reunir en sus actos más de mil personas, salvo cuando entró en escena la salvaje Sarah Palin, Obama, flanqueado por la belleza de Scarlet Johansson y el mito rockero Bruce Springsteen cantando *Youngstown*, era la estrella que no había vuelto a ver el país desde los tiempos de John Kennedy.

Decían que la política ya no está en la calle, pero Obama, aunque fue el gran protagonista de las redes e internet en general, hizo actos multitudinarios en decenas de ciudades. Decían que la gente ya no ve televisión, y Obama logró los ratings más altos de la historia para programas políticos, utilizando espacios pagados de una hora. Decían que los jóvenes no quieren saber nada de política, y Obama consiguió que se inscribiera el mayor número de nuevos votantes jamás registrado para votar. Y por primera vez desde 1992, los demócratas lograron controlar tanto la Casa Blanca como las dos cámaras del Congreso, conectando a Estados Unidos con el optimismo, a partir de una propuesta poco original pero que sonaba más renovada que nunca, porque era lo que se necesitaba: *Hope*, esperanza. El mismo optimista que puso en juego la campaña Hillary en la Convención 2016 de Filadelfia, frente a la mirada pesimista del país que expuso Trump en su discurso de la convención republicana.

En 2008 los líderes negros del establishment no estaban con Obama. Estaban con Hillary Clinton. Pero a las mujeres afroamericanas les obsesionan sus uñas, su pelo, y la campaña en South Carolina, trabajó a fondo con su publicidad allí. El resultado, febrero 2008, fue el triunfo de Obama en las primarias del estado, y la táctica se replicó en otros estados proporcionándonos otra clave de aquella histórica campaña: la comprensión de que el sentido común y su relación con la vida cotidiana en la calle, en el barrio, sigue siendo importante, aún en tiempos de big data, marketing de influenciadores y alta sofisticación tecnológica.

Trump, que intuye lo anterior, en su libro *The art of the deal*, 1987, justifica su juego fuerte: "*A veces es bueno ser un poco salvaje*". Y agrega: "*Siempre apunto alto, y no dejo de empujar y empujar hasta lograr lo que persigo*". En esa línea de conducta durante años estuvo en millones de hogares que seguían su reality show televisivo *The apprentice*, el aprendiz.

Dos equipos competían para que él los contratase en una de sus empresas. Al final de cada capítulo, en una sala de juntas, Trump convocaba al equipo perdedor y despedía a uno de los concursantes utilizando una expresión que se volvió popular: *you´re fired*, estás despedido. Una línea que replicó en las primarias republicanas, cuando para diversión popular fue dejando en el camino a todos los otros precandidatos.

SHOW TIME.

…"*Unas veces usted cree estar oyendo a un reaccionario, otras a un rojo, y, a decir verdad, me parece que ni él mismo sabe lo que quiere. ¿Y si tuviera éxito? Entonces ni Dios sabe lo que puede ocurrir*".
Roberto Arlt, Los siete locos.

Trump aparentemente es táctico, más que estratégico. Pero sabe ejercer la distancia larga de forma intuitiva, y además tiene la sabiduría necesaria para armar un equipo eficiente que lo complemente, que le aporte allí donde puede estar perdido. Y, aparte de eso, es un artista, que sabe ser espectáculo, foco de atención, noticia. Y como tal, identifica con precisión lo que produce la chispa.

Convención Republicana 2012, Tampa, Florida. Clint Eastwood hace público su apoyo a Mitt Romney hablándole, durante 15 minutos, a una silla vacía que representa a Barack Obama. Detona aplausos, risas, y logra multiplicarse en noticieros y todos los programas de televisión, columnas de comentaristas, redes sociales, durante días. Trump, que también tiene una estrella de actor en Hollywood Boulevard, capta la posibilidad. Él posee el talento *disruptor* necesario para detonar y guiar la narrativa *transmedia*, la combinación de todas las formas de lucha que construye el sentido. Comprende que, más que el relato que se cuenta a través de muchos medios y plataformas, lo que importa es lograr expandirlo a través de los que siguen tu juego, que van inventando nuevos relatos sobre tu relato, agregándole, modificándolo, dándole vida más allá de su origen.

Cuando la oferta de información y entretenimiento es tan infinita como lo es hoy, la gente pasa de noticia a noticia, corre de historia a historia, se mete en cualquier *link* que le abra una puerta incitante. Y, como un niño grosero, a punta de escándalos y malos modales, Trump sabe cómo sostenerse llamativo.

"*El talento gana juegos, pero el trabajo en equipo y la inteligencia ganan campeonatos*", dijo Michael Jordan refiriéndose, más o menos, a aquello de convertir tu causa en una cruzada colectiva, y ahí aplicar en combo las tres claves del mix ganador: metodología, creatividad, experiencia. Lo que va ocurriendo día a día en la gente le permite al equipo de Trump identificar objetivos precisos, a los que hablarles de una particular manera, desarrollando tramas más complejas, usando mejores plataformas para impactar, para verdaderamente detonar una interactividad y así acceder a un diálogo fluido y sostenido con ellos y entre ellos. Porque entienden que la lógica interactiva está fuera de control, y todo sale mal cuando se piensa en ella desde el esquema emisor-receptor que funcionó hasta hace un par de décadas.

Trump tiene un equipo liviano, poca gente, pero altamente eficientes. Puro cerebro, músculo ágil, cero estorbos, "*cero bullshit*", es su descripción de ese equipo. Para crearlo, tanto como para todo en su campaña, se guía más por el instinto que por las referencias. Él no cree en empresas buscadoras de talento, como no cree en el *pedigree* que determina la decisión de otros a la hora de contratar estratega, ni cree en encuestas, aunque las utilice para publicitarlas cuando le conviene. Si alguien lo impresiona, él lo toma. Si un mensaje lo impacta, va al frente. Sin testeos. No le preocupa patinar con un mensaje, él lo resuelve con el siguiente movimiento. Y en el trabajo interno tiene siempre presente aquella tesis de Yanet Yellen, que al frente de la Reserva Federal planteaba que solo puedes generar credibilidad si explicas claramente lo que estás haciendo y por qué.

El empresario de casinos sabe que no es la mente la que decide, aunque con su enorme ego ella se lo crea. Es la inquietud del cuerpo, ese que goza, sufre, imagina, desea, siente. Y ese cuerpo tiene grietas, y es por ellas que un eficiente estratega de comunicación, un buen creador de mensajes, debe introducirse luego de oír lo que hay entre lo que no se dijo, y ver lo que nadie está viendo en lo que ya se ha dicho.

El estratega político es un guionista. Que logra su propósito cuando escribe el guion con los seis sentidos de que hablaban los antiguos sabios de India, los cinco del cuerpo más la mente. Porque solo así logra afectar en todos sus sentidos a quienes necesita.

Utilizando todos esos sentidos que son los canales por donde se mueven las emociones y crece la decisión en el cuerpo.

Pero la clave principal es no tener miedo cuando se decide tomar el camino arriesgado que ofrece réditos abundantes. "*No hay nada más peligroso que no arriesgarse*", explicó Pep Guardiola en una rueda de prensa tras un partido del Bayern Munich donde había puesto en juego un cambio en el planteo ofensivo. Pensando como él la troupe estratégica de Trump transita con sorprendente éxito por donde las advertencias dicen "*no transites*". Porque esa troupe intuye que solo así puedes descubrir lo que estaba allí dormido, esperando quien lo despierte y lo ponga en movimiento, para que la red recoja lo que desea recoger.

El mensaje central del hombre de negocios que a los 69 años proyecta imagen de seguridad y eficiencia, que es autor de *best sellers* y exitoso *showman*, no es la retórica xenófoba que ha utilizado, ni la tensión que crea su discurso. El mensaje es él, que hace sentir que dice lo que piensa, que logra que lo sientan franco y directo, que comparte el supuesto sentido común y la sencillez del estadounidense medio, por oposición al lenguaje enredado y políticamente correcto de Washington. Y que, en todo sentido, incluidos sus grandes edificios, sus empresas, sus mansiones, su bella esposa, es percibido como un ganador. Lo cual es clave superior, porque lo que más le gusta a la gente es identificarse con la gente que gana.

El mensaje es la marca Trump. Marca de casinos, edificios, vinos, vodkas, campos de golf... Y para los interesados de la lectura, también de la revista *Trump*. Cinco letras que proyectan una imagen de éxito, riqueza, eficiencia en todos los campos, aunque haya patinado en Atlantic City y algunas otras aventuras de las que el gran público ya se ha olvidado. Cinco letras detrás de las que está la comprensión de que la gente se mueve por emociones, que eso son las marcas. Y es que, en tanto un producto, un programa político, una propuesta, se perciben de forma racional, las marcas se sienten, conectan con esa profundidad de las emociones, que es la que nos mueve.

David Frum, *speechwriter* de George W. Bush a quien se atribuye la famosa frase del "*eje del mal*", observa que existe una disfunción profunda entre la ideología de las élites republicanas, favorables al libre mercado y a la inmigración, y la ideología de sus votantes, que temen que los inmigrantes les quiten lo que tienen, que han visto cómo se acababa la vida económica de sus ciudades con la globalización, que no quieren que les toquen las pensiones y la sanidad. Frum señala, como claves del éxito Trump, su imagen de capacidad de mando y decisión, y su instinto enorme para el marketing, que le permitió detectar un vacío en la campaña e irrumpir por allí. La mayoría de votantes republicanos apoyaba la deportación de los inmigrantes sin papeles, según los sondeos, pero ese no era el tema prioritario de ninguno de los precandidatos republicanos, y Trump se lanzó allí de cabeza, ganó los espacios *prime* de todos los noticieros y programas, desató una polémica enorme, y ya no abandonó el primer plano de presencia que deriva en *top of mind*, máxima colocación dominante en la mente del ciudadano, que determina resultados.

TIEMPOS DE FRICCIÓN CRECIENTE.

El documentalista y militante demócrata Michael Moore declara en el programa de Bill Maher, "*Lo siento, va a ganar Trump*". Luego publica en su web las cinco razones para su afirmación, 5 *reasons why Trump will win*, a pesar de sus posiciones sobre migración, proteccionismo económico, terrorismo, y su manifiesto aprecio a Vladimir Putin.

La primera razón, y probablemente la de fondo, es que los sectores obreros de Ohio, Pennsylvania, Michigan, Wisconsin lo verán como la esperanza para una crisis de empleo que desde hace años los tiene endeudados, deprimidos, enojados, además de sumidos en un profundo sentimiento de derrota. Que nada peor para un norteamericano. Una esta esperanza que nace de que Trump ha amenazado con sanciones fiscales a las empresas que muevan sus fábricas a otros países, aunque a la hora del té, como se dice, y como recuerda en su campaña la señora Clinton, los productos que llevan la marca Trump se fabriquen en India, China, México, Turquía.

Pero, además, Trump es blanco, y tiene una posición masculina fuerte, lo cual produce empatía en hombres simples, que sienten la amenaza del creciente poder de mujeres, gays y grupos étnicos diferentes al blanco anglosajón. Y ese electorado identifica a Hillary Clinton con la política que ha llevado a Estados Unidos a esta situación de la que se sienten víctimas.

Bernie Sanders, que irrumpe en las primarias como un socialista democrático en la línea más radical de Franklin Roosevelt, habla de que el incremento de los ingresos de la "*clase millonaria*" se da a expensas de los ingresos de los de abajo. Y que ahí está la raíz del árbol de los problemas, en esos 400 multimillonarios del país, que acumulan más riqueza que las cerca de 150 millones de personas que dependen de sus salarios, que han ido cayendo al mismo tiempo que las rentas de los propietarios han ido subiendo. Y señala que el *establishment* político de los dos partidos se ha desentendido de eso, del deterioro de las condiciones en que vive la mayoría de la gente.

Se descarta a los pobres, incluyendo a los trabajadores pobres, porque no votan ni influyen financieramente, explica en su campaña Sanders. El dinero domina la política y los pobres no lo tienen. La resolución *Citizens United* del Tribunal Supremo de 2010, eliminando los límites a las donaciones de los ricos a las campañas políticas, ha borrado cualquier duda sobre a quién sirve hoy la democracia en Estados Unidos. Y la gente que sigue a Sanders comprende que una sociedad que carece de igualdad básica y justicia para todo el mundo no puede considerarse una sociedad democrática.

En tanto Sanders hace su trabajo erosionando a Clinton, Trump convierte en discurso las últimas noticias de asesinatos masivos, bombas, atentados, dudas sobre la economía, presentándose como el duro capaz de reinstaurar la ley y el orden en medio del caos y la incertidumbre. El único que defenderá a "*los hombres y mujeres olvidadas de este país*", a "*las personas que trabajan duro pero ya no tienen voz*", ante los atropellos de las élites, esas que en la visión de Trump representa la candidata demócrata. "*Me he unido a la arena política para que los poderosos no puedan golpear a las personas que no pueden defenderse por sí solas*" dirá al aceptar formalmente su candidatura por el Partido Republicano.

En la Convención Nacional de Cleveland terminará de anudar ese discurso, describiendo un país sumido en violencia y caos, que ante la posibilidad de caer en manos de "*esa mujer corrupta, incapaz de sacar a la primera potencia mundial de la crisis*", "*esa mujer que solo merece ir a la cárcel por todo el mal que ha hecho, legando al país guerras desastrosas, muerte, destrucción y debilidad*", solo tiene una salida: Trump.

Como Berlusconi en Italia, Trump se exhibe como un hombre que está de vuelta, un hombre que no necesita más dinero, pero cuyo éxito en los negocios garantiza la victoria de su proyecto de gobierno. Un hombre que, ante el vacío que le hacen los expresidentes Bush y otros personajes del partido, monta un espectáculo familiar secundado por su esposa e hijos Tiffany, Barron, Eric, Donald Jr., y en el lugar central la bella Ivanka, gran protagonista del estadio Quicken Loans, que presenta al *killer*: "*Mi padre es un guerrero*".

Y Melania, la esposa eslovena vestida de blanco, que conserva intacta la belleza de ex modelo y que, en la parte original de su discurso del primer día de Convención, plagiado en otros párrafos de uno de Michelle Obama ocho años atrás, agradece: "*habéis convertido esta improbable campaña en un movimiento*". Y al decirlo señala un elemento fundamental de esta campaña, y es que Trump ha logrado trascender al Partido Republicano, consiguiendo que le sigan republicanos, independientes, demócratas desconformes.

El error escandaloso en el discurso de Melania dispara la atención mundial sobre una Convención opacada por la ausencia de los Bush y la carencia de grandes teloneros republicanos. Y el episodio, natural o prefabricado, gana para la Convención los espacios centrales de noticias, al tiempo que le facilita al áspero Trump mostrarse generoso, comprensivo, cálido, perdonando a la escritora que cometió el error de plagiar nada menos que a la esposa del presidente.

El mayor fuerte de Trump es el táctico. Los líderes del partido le hacen el vacío a la Convención que lo va a proclamar candidato, el presidente de la Cámara de Representantes y gran vocero del partido Paul Ryan apoya, pero tibiamente, el líder de la mayoría republicana en el Senado, Mitch McConnell hace otro tanto, y él descubre que su familia es su mejor capital para sostener el show. Y lo utiliza sin reparos. Antes de esto, acuciado por falta de fondos para la recta final, al colocar en su fórmula vicepresidencial al cristiano conservador Mike Pence, Donald se acerca al apoyo de los petroleros Koch, los hermanos que alardearon tener la capacidad, ellos solos, para financiar la campaña de un candidato republicano ganador.

No tiene programa, no hay ideas, muro en la frontera o expulsión de musulmanes aparte, pero nadie pide programa ni ideas, solo descargar la ira, la furia contra la clase política tradicional, representada por la señora Clinton. Por eso con unas cuantas frases de agitación es suficiente. Eso, y el argumento de la eficacia del empresario Trump.

No se habla en Cleveland del sector privado, la reducción del tamaño del Estado, bajar los impuestos, que son las grandes banderas que viene agitando la política republicana. En sentido contrario al dogma republicano del libre comercio el candidato promueve proteccionismo, acabar con el tratado de libre comercio firmado con México y Canadá (NAFTA), devolver el trabajo a los obreros de Estados Unidos. Y dejar en el camino a los países socios de la OTAN que no paguen por los servicios militares prestados por Estados Unidos. Y los gritos de la multitud que asiste los cuatro días a la Convención son *Trump, Trump, U-S-A, U-S-A-, Trump*. Y "*Hillary a la cárcel*", "*Hillary corrupta*".

En un sondeo de YouGov, la mayoría de los republicanos que ganan menos de cincuenta mil dólares al año piensan que la clase dirigente del país es corrupta y hay que cambiarla. Por su parte, el American National Election Study muestra que en 2002 un tercio de los Estados Unidos pensaba que el país estaba gobernado por "*unos pocos*", en tanto que en 2016 opinan así tres cuartas partes de la población. Ahí hay respuestas que aclaran el éxito de Trump, en esos sentimientos similares a los que en las ciudades pobres del norte posindustrial inglés dieron el triunfo al Brexit, la salida de la Comunidad Europea.

En la Convención Demócrata que cerró el período de primarias en los 50 Estados, abriendo la fase final de la campaña a la Presidencia, la esposa del presidente en ejercicio pronunció un discurso que reivindicaba los cambios alcanzados, y el cambio por lograr: "Me *despierto cada mañana en una casa que fue construida por esclavos y hoy veo a mis hijas, dos inteligentes chicas negras, jugar en su césped. (...) Hoy mis hijas dan por hecho que una mujer puede ser la próxima presidenta de Estados Unidos gracias a Hillary Clinton*".

El optimismo sería en el Wells Fargo Center de Filadelfia la gran señal escogida para contrarrestar la visión pesimista de Trump al aceptar la candidatura republicana. Optimismo que agitarían los discursos de Obama y el de aceptación de Hillary Clinton, aunque no tanto el que pronunció el primer día de convención el senador por Vermont, tragando duro para apoyar a la mujer que le había jugado sucio con respaldo total del establishment demócrata, según acababa de demostrar una filtración Wikileaks de correos del Partido.

"*Esta elección no es, ni nunca ha sido sobre Hillary Clinton, Donald Trump o Bernie Sanders u otros candidatos*", dijo Sanders, y añadió que "*No se trata ni de estrategias, ni sondeos ni estas cosas que tanto gustan a los medios. Es, y debe ser, sobre las necesidades del pueblo americano. Es para acabar con el declive de 40 años de nuestra clase media. Esta elección se trata de acabar con el nivel grotesco de desigualdad de ingresos*".

Una voz sensata que fue acallada por la música, los globos de colores, el show y la obsesión por demoler a Trump, que tuvo su gran logro con el multimillonario Michael Bloomberg, exalcalde de Nueva York en 2002 y excandidato presidencial que, como Trump, paseó todas las camisetas disponibles, primero republicano, luego independiente, ahora demócrata. Bloomberg se dedicó a desmontar la puesta en escena del empresario exitoso, tachando a Trump de "*timador*", y afirmando que "*su mayor riqueza es la hipocresía*".

"*A lo largo de su carrera, Trump ha dejado atrás un historial bien documentado de bancarrotas, miles de pleitos, accionistas enfadados, proveedores que se sienten estafados y clientes desilusionados que se sienten robados. Dice que quiere gobernar este país como sus negocios. Dios nos ayude*", imploró Bloomberg. Y llamó a la unidad en torno a una candidata capaz de derrotar al "*demagogo peligroso*", para dar pie al siguiente protagonismo en el show, Barack Obama, que entró en escena señalando a Trump como un hombre que "*sólo ofrece eslóganes y miedo*". "*Lo que nos hace americanos está aquí*", dijo el primer presidente negro de Estados Unidos señalándose el corazón, y "*por eso, cualquier persona que amenace nuestros valores*", cualquier "*demagogo autóctono*", siempre fracasará.

Una docena de años atrás, el 27 de julio de 2004, Barack Obama se volvió protagonista hablando en la Convención de Boston que proclamó candidato a John Kerry: "*No existe una América liberal y otra conservadora. No existe una América negra y una América blanca y una América latina y una América asiática. Existen los Estados Unidos de América*", dijo aquella vez agitando la esperanza, como en esta Convención de Filadelfia.

Los demócratas hablaron para los demócratas, con verdades lapidarias, completas o a medias, y calificativos ásperos, timador, demagogo, fantoche, pero no lograron superar el hecho de que Trump siga representando *El sueño americano*, el mito de que cualquiera puede llegar a donde quiera con su voluntad, con su persistente trabajo.

Como el peligro del iceberg Trump sigue amenazante en la carta de navegación, la necesidad de atraer a los que votaron Bernie Sanders y tomar esas banderas que utiliza el magnate hace que Hillary Clinton presente el programa electoral más a la izquierda que se ha ofrecido en décadas en Estados Unidos. Mucho más que el de la tercera vía europea (Blair, Laboristas) que adoptó su marido para ganarle la presidencia a Bush padre.

Promotora de los tratados de libre comercio con los países de la cuenca Pacífico siendo Secretaria de Estado, ahora, a tono con los aires proteccionistas de Trump, la señora rompe en eso con el gobierno Obama y se opone a su ratificación. Y en medio de otros timonazos, el discurso de cierre en Filadelfia empaqueta todo y optimista sostiene y fundamenta que Estados Unidos está en su mejor momento, y que todos sus ciudadanos tienen la oportunidad de alcanzar todos los sueños. Y aquí surgen las dudas, ¿qué tan capaz será de ilusionar con sus promesas la candidata? ¿Qué tan creíble es esta amable muchacha y dulce madre que dibujó en su discurso, un tanto chocho, su infiel esposo Bill?

En tiempos de desilusión irrumpen y van adelante populismos, retóricas con brillitos, invitaciones a linchar, más que programas o caricias optimistas que funcionan en épocas más suaves. Son tiempos rudos, y tienen éxito personajes como Trump, o el ultraderechista austríaco Hofer, el hombre que lleva siempre consigo una pistola Glock, aclarando en campaña que es por miedo a los refugiados.

El descontento, que en España puso en el tablero a nuevas instancias, como Ciudadanos y Podemos, impulsa en Francia al populismo xenófobo de Marine Le Pen, pone un alcalde musulmán en la alcaldía de Londres, y en Filipinas, país de cien millones de habitantes, da un triunfo holgado a Rodrigo Duterte que, con el slogan "*El Cambio está llegando*", promete eliminar físicamente a cien mil delincuentes en seis meses. Y ante las críticas de organismos de derechos humanos, la gente que le ha votado justifica: "*Duterte mata a quienes no merecen vivir*".

Asumido como "la última esperanza" por millones de filipinos cansados de las noticias sobre inseguridad y corrupción, tanto como de una clase política de la que están hastiados, Duterte ofrece en campaña una "revolución", y si es necesario, convertirse en "dictador".

"*Olvídense de las leyes de derechos humanos*", "*Voy a descuartizar criminales delante de ustedes si así lo desean*", "*Mataría a mis propios hijos si fueran drogadictos*", es su lenguaje. Y multitudes le aclaman por eso, ya que no le creen demasiado cuando habla de repartir el bienestar económico de que goza el país en los últimos años, que sólo favorece a unas cuarenta familias. Pero le creen y le apoyan cuando habla de matar, matar, matar.

Y, como a Donald Trump cuando habló de las dimensiones de su pene, le celebran cuando alardea de sus amantes, su afición al sexo y a tomar Viagra. Y, en una nación mayoritariamente católica, le aceptan divertidos que exprese su desacuerdo total con las ideas de ese "*hijo de puta*" (sic) del Papa que defiende los Derechos Humanos.

La clave de la elección filipina es que la campaña de Duterte comprendió que está el paisaje, lo que se presenta como una masa de cosas o propuestas iguales y por tanto no destaca nada que atraiga la atención, y está lo que lo rompe. Lo que convoca por lo excepcional: el árbol raro en medio del bosque, el animal extraño, impredecible. El desconocido. El lumpen, el monstruo. El otro.

La sopa de emociones que nos alimenta tiene dos ingredientes centrales, enfado y ansiedad, y esto en todo el mundo a partir de la crisis financiera de 2008, y antes de esta la crisis de inseguridad del 2001, tan publicitada como guerra al fantasmón del terrorismo. Ansiedad que impulsa la necesidad de protección, enfado que impulsa a querer un culpable al que castigar.

El ciudadano tiene problemas, dificultades financieras, creciente precariedad económica, y en los países de la opulencia, ansiedad por los cambios culturales, por la presencia creciente de inmigrantes de otras culturas, por el avance en derechos de lesbianas, transexuales, gays y un etcétera de gente que no comprende, y a la que no acepta porque le genera miedo lo que es diferente. Entonces se queja, y lo expresa en las encuestas, y algunas veces en los actos.

El ciudadano siente que no le hace feliz lo que está viviendo. Tiene claro eso, que no está de acuerdo con alguna parte de lo que ocurre, que está en contra de algo. Entonces se multiplican los "*anti*": anti sistema, anti establishment, anti inmigración, anti globalización, anti bancos, anti austeridad. No hay solución alguna en ser "anti", pero lo que quiere el ciudadano es gritar su malestar.

Todos están enojados por las expectativas que alguien despertó y no se han cumplido. Y del fermento de esos "*anti*", de esa bronca profunda, se nutre hasta el Estado Islámico, que recluta con una estrategia de comunicación salvaje, basada en el culpable infiel y episodios como quemar a un piloto de caza jordano en una jaula. O los videos de un fanático inglés separando cuerpos y cabezas en nombre de Dios.

Porque han comprendido que, como alecciona uno de ellos en las redes sociales sunnitas radicales, "*los medios son medio Jihad*". O, lo que es muy cercano, los medios son nuestra arma más importante. Tal como comprendió el candidato republicano.

Trump no es el Partido Republicano, sino que, como dirían en Argentina, utiliza al Partido Republicano de forro, de condón.

Trump usa al partido como un tinglado útil, una carpa, un vehículo apropiado para su candidatura dentro del sistema electoral estadounidense. Pero sabe que lo que está jugando es otra cosa: su marca de ganador. Y sabe que la gente que conecta con él conecta con esa marca, independiente del partido.

El mercado de votos se ha vaciado paulatinamente de significados profundos. Tanto así que se multiplican los "*partidos slogan*", como en las últimas elecciones peruanas: *Vamos Perú*, *Todo por el Perú*, *Avanza Perú*, *Gana Perú*, *Peruanos por el Kambio*, reemplazando a los del posicionamiento ideológico tradicional, la Democracia Cristiana, el Partido Social Demócrata, Izquierda Unida. Obviamente, además de tener delante un populismo básico, lo que indica esto es que la posición del partido, aquello del "*programa*", de los ideales, ha dejado de ser importante, y lo que diferencia es el candidato, cómo se lo "*vende*", esto es cómo se lo comunica, cómo se lo arropa, con qué discurso, con qué gestualidad.

Hace años lo importante era el Partido, luego venía el candidato, la campaña, y al final el votante. Con la pérdida de perfil de los partidos, luego de los acercamientos de cada uno a los programas del otro en los noventa (el descubrimiento del laborista Blair en Gran Bretaña), la viralización del modelo hizo que la importancia pasara del partido al Candidato, detrás del cual venían la campaña y el votante.

El siguiente paso fue que, ante la debilidad de la institución Partido y la pérdida de perfiles diferenciales en los candidatos, lo central vino a ser la relación Campaña-Votante. Una relación poderosa cuando se logra que sean uno solo Candidato y Campaña, como es el caso del candidato republicano. Porque no estamos ante la campaña de Donald Trump, es necesario comprenderlo: él *Es* la campaña.

Floats like a Butterfly and Stings like a Bee definía su estilo Mohammed Ali, esto es, flotar como una mariposa, picar como una abeja, y lo justificaba desde la certeza de que las manos no le pueden pegar a lo que los ojos no ven. Ahí radica la fuerza del iceberg que encontró en su camino Hillary Clinton.

"*La gente no soporta a los bocazas, pero siempre los escucha*", dijo alguna vez mismo Ali, en una frase que podría haberse referido a Donald Trump. El gran campeón había inaugurado la intimidación verbal hacia los rivales, que aplicaba en dosis generosas desde mucho antes de subir al ring. Pero, al mismo tiempo, era un mago para esquivar golpes, y luego, cuando golpeaba, era preciso, justo. Y demolía.

Antes de su irrupción en los *rings* no se boxeaba con la guardia baja y bailoteando, y menos entre boxeadores pesados. Él fue disruptor también en eso, en marear al otro, en sostener las manos abajo y no en guardia, evitando que ese otro pudiera ver dónde tenía los puños.

Un hombre de fe, Mohammed Ali. Un tipo que tramaba desde su propia actitud las redes de confianza y pacto en que se basa toda comunidad. Que se da a partir de la necesidad, sí, pero antes a partir de la identificación, y el afecto que surge de esa identificación. Y esa identificación es la que trama Donald Trump cuando se muestra en su intimidad comiendo una hamburguesa McDonald´s con papas fritas, como cualquier obeso norteamericano promedio. Pero lo hace en su jet privado, su nave de líder.

Trump va y vuelve. Defiende la venta ilimitada de armas a los ciudadanos, pero en el momento en que alguien entra con un R-15 a una discoteca de Orlando y deja decenas de muertos, está en primera fila pidiendo límites, y anunciando que hablará con la Asociación Nacional del Rifle, que le apoya, para llegar a un acuerdo que corrija estos errores en la libertad para tener armas. Y esto mientras defiende que se prohíba la entrada al país a los musulmanes y a todos aquellos que odien a los Estados Unidos.

Trump sigue la línea de la primera temporada de *Dinastía*, cuando Fallon, en medio de una situación de crisis, ilustraba, "*Los ricos somos diferentes, Krystle. Los pobres procuran gastar menos cuando entran en crisis, por eso son pobres. Los ricos saben que ese es el momento cuando hay que gastar más*". Él está todo el tiempo echando más carne en la parrilla.

Y respecto a lo que dice, y en lo que se contradice, nunca podemos dejar de tener presente que la gente olvida el texto, la línea del discurso, la idea. Pero no olvida la actitud, el gesto, la expresión que la lleva a sentir que tiene al frente a un igual, solo que capaz de hacer algo más de lo que esa gente se siente capaz. Y por eso le reconoce como su líder.

LA POÉTICA BRUTAL.

Reagan fue el primer presidente de los tiempos modernos que hizo campaña en torno a la idea del odio al Gobierno. Su lema era: "*El Gobierno no es la solución del problema, es el problema*". Todo lo contrario de lo que promovía John F. Kennedy una generación antes, cuando dijo: "*No preguntes qué puede hacer tu país por ti, pregunta qué puedes hacer tú por tu país*".

El escepticismo de Reagan prendió. Los ciudadanos empezaron a olvidar su responsabilidad en lo público, y dejaron de participar en el proceso electoral y en todos los demás aspectos relacionados con la Administración del país. En definitiva, le creyeron a Reagan. Y, como el Gobierno era malo, decidieron dejar de tener que ver con él, hasta que esa concepción escéptica y corta de miras desembocó en que hoy, en Estados Unidos, solo una de cada dos personas con derecho a voto se molesta en inscribirse para ejercerlo. Y solo uno de cada dos inscritos acaba acudiendo a las urnas en la mayoría de las citas electorales. Es decir, tres de cada cuatro posibles votantes no participan en las elecciones, una actitud a la que es más proclive el votante potencial demócrata. Y Trump lo tiene en cuenta.

Radicalizar, en su origen, conecta con la idea de volver a las raíces. Y eso es lo que ha hecho Trump en su campaña. Salió a hablar de lo que la gente sentía, lo visceral. Sin importarle que fuera correcto lo que decía, ni que sus argumentos fueran verídicos, ni que el otro se pudiera ofender. Salió a provocar y con eso a involucrar más gente a la política, y lo logró.

En un mundo de políticos grises que esperan ser gobierno para impulsarse hacia el siguiente cargo orinando con mega obras el territorio urbano o rural, Trump se comporta con total conciencia de que todo es efímero. Comprende que los ciudadanos de su país, como de cualquier otro país, buscan en el presidente un reflejo de ellos mismos. Sabe que en sociedades complejas donde predominan modelos de desarrollo depredadores, que no reparan en sacrificar vidas humanas, ni la mismísima supervivencia del planeta, lo que corresponde es ser brutal, simple, directo.

Trump declara que "*ama a los que tienen un bajo nivel educativo*", critica la avaricia de Wall Street e identifica al *establishment* político de Washington como la raíz de todos los males. Acto seguido se dirige a Ted Cruz nombrándole "*Lying Ted*", mentiroso; al otro precandidato, Chris Christie, "*perrito faldero*", a Clinton "*Corrupta Hillary*", le saca un fantasma del pasado al marido de esta, y lo señala como "*Violador Bill*". Y se refiere a otras mujeres que lo critican como perras o cerdas gordas, lo cual encanta a un gran sector del electorado.

Los cambios de liderazgo y del perfil de los líderes tienen que ver con los cambios de realidad, explica Scott Taylor, director de estudios de liderazgo y organización en la Universidad de Birmingham. Y David Brooks escribe que existen dos tipos de líderes, los perros, que van directo al conflicto y hacen que las cosas sucedan, y los gatos, que se alejan lo justo del problema, y buscan el lugar exacto desde donde les conviene hacer presión. Así tendríamos que Obama es gato, como lo fue F. D. Roosevelt, en tanto Trump, como Harry Truman son perros.

Un perro de pelea, que no duda en apelar a lo más descabellado para destruir al que se le presenta como un obstáculo. En ese país en el que las teorías de conspiración hacen estragos, y hay gente que cree que Elvis Presley está vivo, y hay escondidos cadáveres de extraterrestres hallados en el desierto de Nuevo México, y que Kubrick filmó las imágenes de Neil Armstrong dando saltos en la luna, Trump recuerda que hay una fotografía del padre de Ted Cruz con Lee Harvey Oswald, el presunto asesino de Kennedy, y pide que se investigue más el asunto, en vísperas de las primarias de Indiana, donde Cruz es derrotado y decide abandonar la campaña.

Como efecto colateral, la incorrección y la provocación le dieron permanentemente a Trump kilometraje extra de presencia sin costo, siendo cubierto por los medios por la razón elemental de que todo el tiempo es noticia. Uno de sus conocimientos de años es el de saber dónde habrá repercusión sin invertir un dólar. Por eso su campaña le ha costado muchísimo menos que a cualquier candidato opositor, al punto que se burló de Jeb Bush cuando este aún estaba en carrera, diciendo que él no había gastado nada, y Bush ya estaba liquidado después de botar 59 millones de dólares. Su lógica ahorrativa también comprende que, si la atención de la gente está en los smartphones o las Tablet, o en la televisión cuando se trata de clase media baja, es una estupidez gastar en antigüedades como afiches o volantes que un muchacho mal pagado dejará por montones debajo de cada puerta.

Trump ve lo que ocurre alrededor y aprende rápido. Vió al liberaldemócrata Nick Clegg, aquel "*Nick Qué?*" de los tabloides londinenses, montarse con frescura en 2010 sobre la televisión que veían los británicos de la base, y pasar a primer plano en pocos días. Ignorando los nuevos media, internet y las redes sociales, la telegenia de Clegg, su imagen *antiestablishment* en la pantalla, desbancó al *statu quo* y demostró el poder de la televisión para vender al mensajero, independiente del mensaje. Trump pensó, yo también lo puedo hacer. Y avanzó en esa dirección, generándole contenidos a la televisión para que esta lo pusiera en el aire.

Habla permanentemente de sí mismo, y cuando no habla de él, opina visceral sobre lo que ocurre alrededor. Y lo hace con un ingrediente que en general es muy escaso: Trump comunica textura, densidad en su relato. No habla de "*Cambio*" porque es la palabra que le recomendaron. Si utiliza esa palabra, lo hace sabiendo que cambiar es una cosa, avanzar otra. Él tiene experiencias en muchos terrenos, como empresario, como jugador, como comerciante, como seductor de mujeres bellas, como tipo que ejerce la chequera para salirse con la suya, como transformador urbano. Y es un apasionado, y por tanto gusta de empaparse en sangre, como los luchadores de pelea callejera.

Utiliza lenguaje infantil en sus discursos, declaraciones y tuits. Su palabra favorita es "*yo*", la cuarta que más emplea es "*Trump*", y entre las 13 más utilizadas están "*perdedor*", "*total perdedor*", "*idiotas*", "*tontos*" y "*estúpidos*". Su vocabulario y gramática corresponden a la forma habitual de hablar de niños de once años o menos. ¿Es esto una falla? Vivimos en un sistema donde todo se organiza para que las personas encajen en la ley del más fuerte, y no en el que la ley se piense para que encaje con la realidad del ciudadano de a pie. Por eso el ciudadano se siente un niño desconcertado, asustado, en crisis, y responde cuando alguien le habla sencillo, cotidiano, y le ofrece sorprendentes consignas elementales: Techo, Lecho, Leche, Pan. Palabras que encajadas en la realidad de las mayorías, se convierten en poesía conmovedoramente brutal.

Su puesta en escena tiene el encanto raro de lo no muy claro, eso que puede provocar inquietud favorable tanto en una iglesia como en un burdel. Es el tipo de líder que decide las posiciones de cámara de acuerdo con la luz, que dice a los gritos lo que no quiere que quede fijado en la memoria, y susurra como un reptil lo que quiere que acumule memoria enfilado al resultado que busca.

¿Por qué domina tantos planos en tiempos simultáneos? Porque en sus diferentes oficios ha aprendido que hay un sentimiento de fragilidad que crece, que va minando cada vez más sectores de la sociedad, y en ese ambiente se espera de un presidente que lidere, que genere la línea que seguirá el país en los tiempos inmediatos, que muestre el camino en el largo plazo. Pero, antes que eso, que sea alguien que conecte con las emociones primarias. La clase de tipo que te hablará a los ojos, escupiendo de costado, como el matón de barrio.

Si hay una palabra que defina a Trump, esa es impertinente. Ahí está la fuerza que sorprende en él. En un contexto que no ofrece mucho margen de maniobra, irrumpe Trump y decide patear el tablero, acercarse a Putin, quitarle frío a la relación con China, mirar hacia adentro de Estados Unidos y cerrarse en el interés de la casa. Primero orden aquí, limitar los factores que perturben, que eso anunció cuando habló de hacer murallas, como la de China, o cerrar el ingreso al musulmán.

Estados Unidos tiene experiencia en el arte del disfraz. Es casi natural allí que exista, por ejemplo, un pueblo maderero de nombre Leavenworth, en el estado de Washington, donde un día los vecinos, preocupados por el *frenón* económico, decidieron volverse alemanes, más precisamente bávaros. Y convertirse en una atracción turística. Con un paisaje que evoca los Alpes se disfrazaron con trajes regionales de Baviera, pantalones cortos con tirantas, armaron bandas de aquella música que amaba el Führer, ofrecieron cerveza en profusión. Y con ese *camouflage* comenzaron a remar otra vez.

All over the world, de Ucrania a Brasil, de París a Nueva York, de Estambul a Bangkok, la expresión política predominante en los últimos tiempos es la del malestar, bronca, enojo, inconformidad, indignación o como se le quiera llamar. Porque en todo el planeta aumentan los trabajadores pobres, aunque trabajen más que nunca, al tiempo que son multitud los que no tienen trabajo, de modo que no pueden comprar lo que les llamaron a comprar. Y haber logrado el cartón universitario de algo ya no califica, porque el negocio de la educación se ha impuesto y ahora necesitas un *master*, un *phd*, y cuando lo tienes ya estás *sobrecalificado* para el trabajo de cuarta que te ofrecerán.

Si entre los jóvenes hubo antes puños cerrados en torno a un coctel molotov o un Kalashnikov, ahora el enfado colectivo se expresa con un emoticón, pero hay un ingrediente nuevo, y es que lo que ocurre en las redes sociales se ha vuelto más real que la misma realidad.

El apartheid contemporáneo es el del dinero. Los pocos que lo tienen, y allá afuera los muchos que lo desean. Y eso dispara el malestar en direcciones extremas. Y hace que los políticos no sepan qué hacer para dialogar con el elector, mientras, por inercia, siguen apretando manos, alzando bebés, repitiendo como autómatas sus propuestas en programas, entrevistas, reuniones, aunque nadie les preste atención.

Es el nuevo momento de la política. Si en 1982 al PSOE le bastaba con una frase trillada en boca de Felipe González, "*El futuro es nuestro*", dicha con firmeza en el acto de cierre de campaña en Madrid, y la campaña proponía escueta "*Por el cambio*", ahora toca apelar a la creatividad publicitaria comercial. Y entonces el PSOE llama al voto con un mensaje de televisión línea bebida de verano, plan amigos, y propone la felicidad del cambio con un "*Imagínatelo sin Rajoy*". Y el PP de Rajoy responde con un himno en merengue, y habla de gatos, *vamos, que estos animales son los más populares en la web y por ahí es seguro que pueda meterte mano en la emoción y me votes, tía.*

Y Podemos, que ganó terreno electoral con mensajes anti clase política de tipo "*Maldita casta, bendita gente*", ahora une su imagen al recuerdo de una marca de muebles escandinava bien posicionada, y lanza su programa con forma de catálogo Ikea, partiendo de la lógica de que ese catálogo es tan familiar a los españoles (cada año se reparten gratuitamente millones de catálogos Ikea en España), que conectarán con la propuesta Podemos como lo más natural. Todo lo cual nos lleva a especular que no sería extraño que el próximo paso de la comunicación española sea clonar conceptos de hoteles, relojes o marcas de automóviles y utilizar el idioma inglés para promover un candidato con un *Feel the extraordinary*, o llamar al voto joven con un *This is your time*, o reemplazar aquel trillado *Yes We Can* por un *The Power of dreams*. Porque el inglés se percibe como más moderno, cosmopolita, "*aspiracional*", justificará un asesor.

La comunicación política electoral puede ser una forma de arte contemporáneo, alegría de discurso, vestuario y utilería, o puede ser la rutina de los que solo creen en rescatar lo que queda en la bodega del barco que se hunde y repetir lo que ya se ha hecho antes, o copiar lo diferente que hizo alguien hace poco, confiando en la escasa memoria popular que garantice que aquel uso ya está olvidado. O puede ser el rumor que dice que Trump es un producto diseñado por el matrimonio Clinton para instalar a Hillary en la Casa Blanca y destrozar al Partido Republicano, a partir del hecho que los Clinton estuvieron en la última boda del magnate, y que este contribuyó con generosidad a las campañas de la señora para el Senado y la búsqueda de la candidatura presidencial 2008.

DONALD SE VISTE PARA PATEAR LA MESA.

...“*De pronto a uno se le ocurre que tienen que sucederle determinadas cosas en la vida, para que la vida se transforme y se haga nueva*”. Roberto Arlt, Los siete locos.

Decía Aristóteles que, si no quieres mezclarte en política ni ocuparte de lo público y prefieres concentrarte en tu vida privada, luego no te quejes de quién te gobierna. Primer encuadre.

Escribió el Marqués de Sade, en respuesta al artículo del *Journal des Debats* de fecha 22 Vendimiario año II, sobre la necesidad del traje, “*Cualquier hombre que se disfraza para ejercer su oficio sabe que ese oficio es frágil y que precisa seducir la vista al no poder convencer al espíritu*”. Segundo encuadre.

“*En el fondo quiere ser Madonna*”, comenta un anónimo analista financiero en el libro *El Show de Trump*, de Mark Singer. Lo cierto es que el hombre de los casinos extravagantes sabe apreciar la importancia del escenario y el coro, por eso nunca dudó de cambiar cuando le resultaba conveniente, y así se ha colocado en las tablas demócratas, independientes, republicanas, hasta que el 16 de junio de 2015 montó el show y rodeado de extras a sueldo con camisetas portando su slogan de campaña, anunció que iba por la *White House*, y se proponía acabar con los violadores y traficantes de drogas mexicanos.

Donald Trump, ese hombre al que le encanta poner su nombre en grandes letras a edificios que previamente enchapa en dorada ilusión de oro puro, tiene un componente letal para el sistema de la corrección política: habla como el hombre simple, machista, rezagado frente a las políticas de género, la inclusión de las minorías, los teóricos avances sociales. Es un *francachón*, que saca de su boca palabras brutales para atacar a todo lo que le disgusta, que en un programa de radio definió alguna vez a una ex esposa como “*buenas tetas, cero sesos*”, y exhibiendo la nueva rubia a su lado, cuando le reclamaron en otra entrevista no dudó en declarar que no importa lo que digan de ti, “*siempre que tengas a tu lado un culo joven y bello*”. Ese es Trump: dice lo que el hombre simple y resentido mastica en silencio. Ese es su personaje. El del que compra la cadena de televisión CBS, para adquirir con eso la propiedad de los concursos de belleza *Miss USA*, *Mis Teen USA* y *Miss Universo*, en los que piensa que quizás pueda hacer un casting la próxima vez que se divorcie.

Cuando las revistas se esforzaban por entrar en la intimidad de su apartamento neoyorquino de tres plantas, sala con techo a diez metros de altura, 53 habitaciones, lavamanos de ónix azul africano, columnas y candelabros extraídos a castillos europeos, gran parque en la azotea, Donald dio una entrevista a la revista Playboy, en la que dijo que todo se trataba de un show. Que sus casinos, el oro de sus edificios, su fantástico yate, las comitivas de limusinas nivel jefe de estado en que se movía cuando visitaba su campo de golf en la Florida, el Boeing con lavamanos en oro macizo, hebillas de cinturones de seguridad ídem, etc., no eran otra cosa que parte de la utilería del show, y que el "*show es Trump, y está agotado en todas partes*", y eso es lo importante, todos quieren estar allí, *sold out*.

Donald lo tiene claro, los que se confunden son los que tratan de ser más listos que él, es una fácil conclusión. Por eso cuando en 2005 Timothy O'Brien publicó su libro *Trump Nation: The Art of Being the Donald*, y calculó el valor neto de su fortuna en menos de 250 millones de dólares, interpuso una demanda por cinco mil millones alegando que el cálculo era incorrecto, y caracterizándolo como un acto de calumnia y difamación. Porque atentaba contra el show.

Mezcla en sus discursos y declaraciones insultos, provocaciones, falsas estadísticas, amenazas, intolerancia, y todo eso le convierte en noticias que hacen crecer su popularidad. Y si le objetan la veracidad de sus cifras o su información, no tiene ningún problema en responder, *ah, yo creía que era así*. Miente, deforma hechos, hace declaraciones engañosas, mientras habla de sí mismo desde los demás, en tercera persona, "*Nadie será más duro con ISIS que Trump*", "*La victoria de Donald Trump es un hecho*", "*Trump va a reconstruir al ejército, lo va a hacer poderosísimo, grandioso*", "*Esa mujer obesa no va a poder atajar a Trump*".

Y luego está el uso de la muletilla "*créanme*", la invitación a creerle, el uso de las creencias en que se recuesta la publicidad con mejores resultados: "*Construiré un gran muro para evitar que lleguen más mexicanos a quitarnos el trabajo, créanme*", "*Ningún musulmán vendrá a quitarnos la tranquilidad que merecemos, créanme*"...

Y la guerra sucia utilizando las inseguridades ajenas, con Tweets como "*Si Hillary Clinton no puede satisfacer a su marido, ¿qué le hace pensar que va a satisfacer a Estados Unidos?*"

Mark Singer se siente ante un auténtico vendedor de humo, tras descubrir que Donald carece de vida interior. Le entrevistó, le preguntó con insistencia qué encuentra cuando está solo ante un espejo, *Who are you, Mr. Trump, when you are alone?*, y al no recibir respuesta concluye que la suya es una existencia a la que no perturba la presencia de un alma, que solo hay actuación. Lo mismo que encuentra Michel D´Antonio en su biografía Trump, *Never Enough*, "*Donald Trump playing Donald Trump*", Trump representando a Trump. Lo cual, podríamos decir, es lo que la gente espera cuando ha "*comprado*" la imagen de un político. Y será lo que reclamará luego, cuando el político no se ajuste a aquello que "*vendió*", como ocurrió con Obama, y como el simple Duterte se empeña en que no ocurra con él en Filipinas, ofreciendo recompensas a quien asesine a un vendedor de drogas o a un drogadicto.

Trump se mueve a través de la vida como el hombre que sabe que siempre es observado, apunta Dan P. McAdams en su artículo *The Mind of Donald Trump. A psychologist´s guide to an extraordinary personality and his posible presidency*, que publica la revista The Atlantic en junio 2016. Adams observa allí que muchas de las cuestiones que se han dicho sobre su temporada en campaña, sobre su plataforma, sus escasos conocimientos de los temas, su lenguaje inflamatorio, su propensión a la violencia política, deben observarse en el marco de la alta extroversión del personaje, su agresivo carisma, su *decisión-making style*, sus bajos niveles de apertura a la posición de aquellos con los que no está de acuerdo. Y también observa que, como *real-estate developer* que es, él se mueve con familiaridad tomando grandes riesgos en la vida política, como los ha tomado en sus especulaciones inmobiliarias.

El autor de la nota ve a Trump como un hombre de decisiones flexibles y pragmáticas, mucho más cercano a Bill Clinton que a George W. Bush, con una mirada menos ideológica que la de la mayoría de los candidatos presidenciales con los que compitió, cercano a la *real politik* que practicaron Nixon y su secretario de estado Henry Kissinger, con gran capacidad de negociación con el Congreso tanto como con líderes extranjeros, Un tipo agradable en el plano de negociar, apto para cambiar de posiciones con facilidad, pero que puede ser muy desagradable cuando se enfada. Y que en esos momentos no piensa dos veces sobre los daños colaterales que puedan resultar de su actitud. Lo que Hillary Clinton advertirá en campaña, sobre el peligro del botón rojo que controla las armas nucleares en manos de una persona como Trump.

Adams observa las similitudes con Andrew Jackson, el séptimo presidente de la Unión Americana que ejerció entre 1829-1837, por sus agresivos temperamentos y su condición de *outsiders* entre la clase política dominante, tanto como por las violentas reacciones que ambos generaron en esa clase. George Washington, que no tenía ninguna simpatía por Jackson, lo más suave que decía sobre él era que se trataba de un hombre vulgar y estúpido. Thomas Jefferson le describía como uno de los hombres más impropios que puedan existir para ejercer el cargo de presidente de Estados Unidos, "*a dangerous man*" carente de maneras civilizadas, un hombre de temperamento volcánico, dotado de *terribles pasiones*, del que esperaba que cualquier mínimo problema con un líder extranjero podría impulsarle a declarar la guerra.

Sobreviviente a 14 duelos, Jackson, el primer presidente surgido de la comunidad escocesa, llevaba varios fragmentos de balas en su cuerpo, y como la gente tiende a enamorarse de los salvajes, ese carácter explosivo que le llevaba a batirse en duelos generaba en gran parte la adoración que sentían las masas de la época por él, y que solo se comparaba al odio que despertaba en sus opositores políticos, que le acusaban de demagogia, populismo, autoritarismo. Igual que a Donald en estos días, de quien, para algunos que aprecian las comparaciones, apenas le diferencia de aquel Jackson la fobia a los gérmenes que tiene Trump, y que le lleva al umbral del vómito ante los fluidos corporales, particularmente los de las mujeres, ese *disgusting* que remarcó sobre Megyn Kelly, de Fox News.

El programa de Jackson no era muy distinto del de Trump: abolió el Banco de la Unión Americana, que hacía las funciones de Banco Central, y mostraba muy poca consideración hacia las minorías, en particular hacia los indígenas. Actitudes en las que algunos, con mirada de astutos psicólogos aficionados, ven la lógica por la cual la administración Obama mandó a Jackson al reverso del nuevo billete de 20 dólares, poniendo en lugar protagónico a la esclava rebelde y pionera feminista Harriet Tubman.

Hablando de psicología política en el marco del electorado inclinado hacia Trump, Daniel Eskibel observa que el millonario canaliza el miedo y el enojo que ya sentía una parte de ese electorado de piel blanca, mediana edad, bajo nivel educativo, que económicamente se siente desvalorizado, que no se siente escuchado ni representado por los políticos, y lo apunta hacia otros, musulmanes, mexicanos, liberándoles de su responsabilidad. Es un electorado cuya personalidad está basada en la autoridad, que respeta las jerarquías, que valora autoridad y obediencia, orden, y al que Trump le cuenta una historia simple, y eso hace que sea mucho más fácil de comprender lo que les ocurre, analiza Eskibel y agrega un ingrediente clave en ese electorado: "*El votante de Trump lo ve como un espejo mejorado de sí mismo, ya no vulnerable sino poderoso, grande, y si yo formo parte de algo grande y poderoso, me siento grande*".

En la Cumbre Mundial de Comunicación Política de Buenos Aires 2016 habló Eskibel de que las bases del cerebro humano se estructuraron en la edad de piedra, en un tiempo en que la sociedad eran grupos de no más de cien personas. Pero hoy ese mismo cerebro opera en sociedades de millones, y la relevancia de esto se despliega cuando tenemos el dato de que "*167 milisegundos, menos de un parpadeo, es el tiempo que le lleva al cerebro evaluar a alguien en la pantalla del televisor, formarse una impresión sobre un político, y construir una decisión*". Y hablando en más sencillo, Roberto Arlt escribía en su novela *Los siete locos*, como suspirando, "*Un hombre angustiado no sabe lo que hace*". También decía allí Arlt, como hablando de nuestro personaje, "*Era grande, porque para alcanzar a concretar sus ideales sólo utilizaba los medios al alcance de cualquier charlatán*".

"*Puesto que la barbarie es la era del hecho, es necesario que la era del orden sea el imperio de la ficción*", escribió Paul Valery en un prefacio a las *Cartas Persas* de Montesquieu. Ahí está, para ser digerido.

Pero Donald no está solo. En todas partes copan la escena políticos emotivos, que exponen brillantes e impulsivos, arrojando palabras como si quisieran voltear bolos, y la gente no percibe lo repetitivo y desordenado, ni la falta de fondo ni lo pantanoso de quien anda jugando ruleta rusa con las cabezas ajenas.

Que hay que reconfigurar las instituciones, dicen unos. Nigel Farange, con una pinta de cerveza en la mano, pide volver al pub y asumirlo como verdadero Parlamento Británico en la era del fútbol toda la semana, sintonizando con aquel "*La sociedad no existe*" de Margarita Thatcher, reina ejecutiva del país de las vacas locas y la frustración que ya nadie sabe cómo acabará, canta Tricky en *Hell is a Round the Corner*.

Y aquí entra el tema británico, ese que unía en un beso de graffiti al ex alcalde conservador de Londres Boris Johnson, líder de la campaña para salir de la Unión Europea, Brexit, con Donald Trump. Ya en 1979 la señora Thatcher había tirado su piedra reclamando *I want my money back*, y atacando a la "*burocracia de Bruselas*", jalando emociones populares de esas que buscan quién tiene la culpa de lo que les ocurre antes de mirar en lo que han hecho, o han facilitado, o han permitido. Ahora los *tories* populistas iban por la consumación.

El 2 de julio de 2016, el madrileño El País, en su edición impresa, trae una entrevista a Juan Carlos Monedero, co-fundador de Podemos. Preguntado sobre el millón de votos que ha perdido en la elección del día interior la alianza Unidos Podemos dice: "*La teoría de sistemas establece que todos los factores co-evolucionan: buscar un único factor no es correcto*". Poco antes Gran Bretaña había votado por salirse de la Unión Europea, y el miedo parecía haber sido un factor para sabotear el crecimiento de la conjugación de izquierda y post-indignación Unidos Podemos en las encuestas. Cundió el pánico en "los mercados" y Rajoy declaraba "*No son momentos para añadir incertidumbre. Es el momento de apostar por políticas responsables, sensatas y no asumir riesgos*", a lo que Iglesias, el otro fundador de Podemos, trató de oponer, fuera de base, un "*Es poco elegante, en un momento como este, tratar de aprovechar el referéndum británico para arañar un par de votos*".

Pero el par de votos se le crecieron y Monedero hizo su crítica: "*A Unidos Podemos le ha faltado calle y le ha sobrado mercadotecnia*", agregando "*contra la casta y la vieja política es adecuada la estrategia de confrontación de Cinque Stelle* (Cinco Estrellas, Italia, el movimiento del humorista Beppe Grillo que ganó las alcaldías de Roma y Turín). *Porque clarifica. Si tu diagnóstico es correcto no puedes negociar con tu diagnóstico*".

Pero Pablo Iglesias había facilitado la tarea del PP de Rajoy hablando de consultas a la ciudadanía, esas que unas décadas atrás eran excepción total, y ahora estaban en primer plano sembrando nuevos miedos, en un ambiente que muestra el final del sueño común europeo, una idea por la que nadie ya vibra, sintonizando sin querer con Marine Le Pen pidiendo una en Francia, al igual que el holandés Geert Wilders y su proyecto antiinmigración, "*Queremos ser dueños de nuestro propio país, de nuestro dinero, nuestras fronteras y nuestra política migratoria*".

Como dice Thomas Piketty explicando el Brexit, la xenofobia es la respuesta fácil ante las desigualdades, la fácil de asimilar por la gente, el chivo expiatorio. Las políticas antisociales de austeridad de David Cameron avivaron resentimientos de las clases populares que han llevado a una reacción irracional a base de xenofobia y estigmatización. Y esto que dice Piketty debemos verlo en medio de una nueva realidad de populismos que han desplazado aquella vieja lucha de discursos izquierda-derecha, a una nueva entre partidarios y detractores del sistema.

El fondo opaco del asunto Brexit se podía resumir en que las empresas británicas querían mantener el acceso al mercado único, pero frenar la libre circulación de personas. Gran Bretaña era la segunda economía del bloque europeo, y su salida (Brexit) ponía en el horizonte grandes incertidumbres financieras y peligro para la frágil recuperación económica europea. Ante el éxito del *Leave*, separémonos, Trump, que el día en que se votó estaba inaugurando una ampliación de su campo de golf en Escocia, declaró "*Veo un gran paralelo con Estados Unidos. La gente quiere recuperar su país*".

Nigel Farage, líder del xenófobo y populista Partido por la Independencia de Reino Unido (UKIP), otro de los rostros visibles de la campaña del Brexit, definió su triunfo como la victoria de la "*gente decente*" contra las grandes corporaciones y los banqueros. Trump también capitaliza la desafección con las élites, moviendo con eso al votante blanco de clase baja y media, y el de las zonas rurales.

Cuando habla de proteccionismo, cuando pide limitar la entrada de la mano de obra barata del inmigrante, cuando habla de pactar con China cada uno en su terreno, esa gente entiende que de lo que habla es de volver a agrandar su economía interna, entre otras cosas devolviendo al territorio aquellas industrias que partieron en busca de mano de obra mal pagada y sin beneficios sociales. Y que ahí está el punto que explica la resistencia que tiene Trump de parte de los intereses corporativos que sintieron beneficiarse con eso, mientras el ciudadano medio bajo se hundía.

Es el triunfo de las emociones negativas, dicen algunos ante el Brexit consumado. Y entonces viene el análisis de las torpezas cometidas por los que querían permanecer en Europa, y de la abstención de los jóvenes. Y alguien observa que la abstención no es protagonismo, sino negación del protagonismo, hacerse a un lado. Y que el voto que se abstiene de existir expone muchas cosas, entre otras la carencia de suficientes argumentos y propuestas, la ausencia de discursos que ilusionen o expliquen, que movilicen.

La abstención y su contracara, la participación de los votantes, son determinantes en situaciones de alta negatividad, como la campaña Clinton-Trump. El *turnout*, la cantidad de gente que acude a las urnas, es clave. Tradicionalmente vota el 40% de los que podrían hacerlo, y entre quienes se quedan en sus casas están esas minorías que rechazan a Trump.

El sistema de elección indirecta a través de un colegio electoral, establecido por la Constitución estadounidense, es un tanto atípico en el mundo de la democracia actual. Cada estado envía una cantidad de delegados proporcional a su población, para entre todos sumar los 270 que escogen presidente. Al contrario de lo que ocurre en otros escenarios, aquí el número total de votos no es más que una anécdota, porque lo que determina el resultado final es quien sumó más votos en cada estado, y en consiguiente se llevó los delegados. Así fue cuando George W. Bush, perdiendo en el total de los votos país, se quedó con la presidencia gracias a imponerse por 500 votos en la Florida y llevarse los 47 delegados de ese estado.

En 2016 hay trece estados claves, a los que se identifica como los "*swinging states*", que desde hace casi tres décadas votan unas veces demócrata, otras republicano. Allí está la pelea y la concentración de presupuestos, sin descuidar estados donde cambios demográficos, como el crecimiento de la población afroamericana o hispana en los últimos años, que favorecería a Hillary, o la pérdida de puestos de trabajo en la industria que la perjudicarían, pueden hacer que voten de forma diferente al voto histórico.

Descontando el voto que tiene, para ganar Trump apunta a los 146 delegados que suman Michigan, Pennsylvania, Ohio, Florida, Colorado, Nevada, Carolina del Norte, Virginia, Wisconsin, Iowa y New Hampshire, así como a arrebatar a los demócratas California, New York y New Jersey. Clinton, con una mejor base de votos en general, amarraría el triunfo con el voto de Pennsylvania, Michigan, y Florida u Ohio, pero también apunta a voltear Arizona y Texas, tradicionalmente republicanos pero con fuerte presencia de mexicanos ofendidos por Trump.

Para lograr lo que necesita en un escenario difícil como pocos, cada campaña apunta a golpear arriba y, más que nunca, abajo. En esa línea, al cerrar julio, el mes de las convenciones, el sensacionalista New York Post publica los desnudos de la ex modelo Melania Knauss, ahora Melania Trump, que aparecieron en la revista europea Max, en enero 1996, mostrando su cuerpo desnudo, a excepción del pubis, que cubre con las manos. En algunas de las fotografías Melania está acompañada de otra mujer, insinuando un juego lésbico, y el Post publica el material bajo el título "*Here's the nation's would-be first lady — and right beside her, a second lady*", la que podría ser la primera dama, y a su lado la segunda dama. Un golpe directo a la ingle de Trump.

EL DÍA DESPUÉS DEL TRIUNFO DE TRUMP.

Estados Unidos tiene algo de idea romántica, pero cargada de algo más, al punto de rozar la idea de una religión, con sus Padres Fundadores, verdaderos santos de la Ilustración devenida democracia, "*la forma más vil de gobierno*" según San James Madison, cuarto presidente. Una religión que en su origen unió puritanos fundamentalistas, terratenientes de Maryland, comerciantes holandeses de Manhattan, protestantes escoceses, pacifistas de Filadelfia, rarísimo *melting pot* que, ante la primera herejía secesionista, tuvo en Lincoln un nuevo santo varón, luego mártir, para imponer su "*destino superior*".

El 80% del éxito es hacerse ver, presumir de algo que te vuelva visible, era la idea de Woody Allen, y eso le ha funcionado a Trump, que para conquistar la atención ha presumido su vida entera de cada cosa que tiene, e incluso de mucho más de lo que tiene. Y que en buena parte por eso logró identificarse con ese sentimiento tan estadounidense de querer ser "*o mais*", a lo Brasil: "*la ciudad en lo alto de la montaña*" en el decir reaganiano, el país más grande del mundo, el primero en pisar la luna, la mayor economía, los policías del mundo.

Estamos en 2017 y el nuevo presidente de Estados Unidos es Donald Trump. ¿Qué ha cambiado? Aparentemente nada. El consumo de pollo frito no ha mermado, tampoco hay una nueva disposición que obligue a Disney a cambiarle el nombre al pato, por respeto a la institución presidencial. Quizás ha aumentado el placer de ver a la primera dama, que es mucho más atractiva que las anteriores, y muchísimo más que la candidata demócrata.

Han regresado las historias de indios y vaqueros con final claro, ese en que gana siempre el vaquero, el blanco, el viejo *Ultraman*, y no hay sitios para dudas ni queda ese tufo raro en la boca, como mezclando leche, pastilla de menta y whisky barato. Era obvio que iba a ocurrir, porque Trump es convencional en unas cuantas cosas, como que le gustan las mujeres ortodoxamente bellas, las *Miss Buenona*, las chicas de grandes tetas y rostros clásicos. También le gusta el boxeo, los golpes contundentes. Nunca ha sintonizado con la *América* de los antidepresivos sosteniendo la corrección política, los buenos modales.

Se comienza a caer en cuenta que es apenas lógico lo que planteaba: dejar de pretender ser el policía del planeta y concentrarse en regresar a lo que nos gustaba ser, como *USAmericanos*, béisbol, *hot dog*, *Apple pie* y carros grandes. Que no nos vengan a joder con costumbres extranjeras raras, que volvamos a poder trabajar en nuestras fábricas, reunirnos con los amigos a tomar cerveza y asar salchichas en el patio trasero de nuestras casas.

Lo de Donald es básico, entiende la barra del *six pack* Budweiser: se trata de parar la carrera de la estupidez, o lo que es igual, reenfocar las prioridades. ¿Queremos seguir matando y muriendo en Bagdad, Faluya, Afghanistán? ¿Acaso nos interesa recibir terroristas a cambio de meternos donde no nos han llamado? ¿Preferimos WalMart con productos chinos baratos y a cambio no tener con qué comprar porque no tenemos trabajo? No es sensato, así que no sigamos sosteniendo el error, dice Trump. Que los chinos le vendan a su propio mercado, que Putin maneje sus necesidades rusas como le parezca más apropiado, pero que América sea para los americanos, como bien lo dijo James Monroe en aquel fundacional pasado.

¿A quién le sirve el negocio de las cárceles, tener la mayor población prisionera del mundo? Los afroamericanos, por brutos, votaron a esta mujer, piensa Trump, pero no tiene interés en castigarlos. Sabe que no es justo que una enorme cantidad de ellos esté en las cárceles, y es muy probable que ataque ese negocio, en el que él nunca ha tenido parte.

Por eso también se le han opuesto tantos grandes intereses "*americanos*". Trump les toca las intimidades a negocios muy salvajes, como el de las fuerzas mercenarias que hoy combaten en los multiplicados frentes de guerra. ¿Son estas fuerzas mercenarias las que generaron el orgullo de ser "*americanos*"?, se pregunta y pregunta. Y no deja de observar la falta de sentido que significa un presupuesto enorme enfocado a combatir las drogas que la gente quiere consumir. Y que, con las políticas de prohibición, se vuelven criminalmente inseguras, al tiempo que fomentan los negocios ilegales porque su precio, al ser prohibidas, es irracionalmente caro.

Aunque en la campaña haya parecido todo lo contrario, Donald Trump es, en muchos sentidos, la recuperación del sentido común básico. Lo que ocurre es que ha sido tan largo el romance con la inercia de lo absurdo presentado como lógico, de la incorrección aceptada como corrección, de lo que no conviene adquirido como lo que más le conviene al ciudadano, que se ha vuelto difícil reconocer ese sentido común básico.

Un taxista en Nueva York explica el sentimiento de la calle: "*El tipo dijo muchos disparates, pero ¿qué importa lo que dijo? Ahora está en otro momento, y seguramente mostrará otras cartas, las que tenía guardadas. Quiero decir, tal vez el tipo se da vuelta, le cambia la cabeza, ¿no? Porque había tipos que perseguían a los cristianos y luego se transformaron en cristianos, como ese San Pablo. La cabeza del ser humano es difícil, es jodido descifrar todo lo que cada uno está jugando cuando mueve sus fichas*".

Uno que vende falafel en una esquina, como si retomara el discurso del taxista, amplía la explicación diciendo "*yo soy el Presidente, pero no soy el poder, y me toca pelearme con el poder, con los que estuvieron siempre machacando para que se gobierne como quieren ellos, para sus negocios. Así es el mundo. Voy a la guerra, soy soldado, pero no estoy peleando por el país, por la patria, estoy peleando por Rockefeller, por Wall Street, por Burger King...*"

Una secretaria, que antes fue soldado en Irak y ahora come su sándwich en un parque, frente a la gran Biblioteca de Manhattan, opina en esa misma dirección que "*Lo único que ha cambiado con respecto a antes es que ahora se conoce la gente que es, esa por la que te toca ir a pelear. Eso es bueno, ahora se sabe, este es este, aquel es aquel. Eso es importante, tener las cosas en claro. No importa la etiqueta, si socialista, si de derecha, de izquierda, importa lo que hay. Ojalá que este hombre pueda cambiar. Yo tengo dos hijos, adolescentes, y va a ser muy duro también para ellos si esto no cambia. A mí no me molesta trabajar, lo que pido es que no me lo hagan difícil. Porque si encima te lo hacen difícil...*"

Y un señor mayor, repasando la campaña de Trump, sus bravatas, condescendiente dice, "*Equivocar nos equivocamos todos, ¿qué problema hay que nos equivoquemos? El problema es cuando ya es adrede el error*".

Una máxima del Movimiento Situacionista decía: "*En la sociedad del espectáculo, lo verdadero no es más que un momento de lo falso*". Lo cual nos deriva hacia, por ejemplo, comprender que el hombre nuevo no necesariamente es aquel que representan las mujeres *trans*, diría Trump.

LOS VIEJOS SUBEN, LOS JÓVENES BAJAN.

En política es básico comprender la correlación de fuerzas presente en el escenario que se analiza. Así como es básico comprender la esquizofrenia entre comunicación electoral y cruda realidad cuando se es gobierno. No se puede mirar el escenario como lo miran aquellos que, sometidos a una fuerza nueva, aturdidos por el peso de los escombros de lo que parecía firme y estabilizado, se sorprenden porque no escucharon la explosión sino solo vieron un destello, algo que atravesó por sus ojos un instante, y que dejó en el aire una electricidad cuyo efecto no podíamos explicarnos.

Los japoneses tienen una palabra, *hibakusha*, que significa persona afectada por una explosión. Esos seres que quedan impregnados de esa indiferencia que suelen dejar detrás las catástrofes naturales. Hoy Estados Unidos está habitado por esa categoría de *zombies*. Millones que no comprenden que los partidos se van desmoronando. Que los evangelizadores del desastre acaban por provocarlos.

George Packer, National Book Award 2013, en una nota sobre Donald Trump publicada en The New Yorker, atribuye a "*la declinación de las instituciones y las costumbres americanas, de Wall Street al Senado, a los noticieros, al mundo twitter, haber hecho que la candidatura de una celebridad protofascista sin control de sus impulsos, sea no sólo posible sino de algún modo inevitable*".

No nos ha sido difícil aceptar que aquella televisión que producía nuestra opinión a punta de programas cargados de ideología, haya ido cediendo paso, como determinante de realidad, a la inestabilidad de la emoción moviéndose en el universo internet. Un universo donde opera maravillosamente el estilo de Trump, sus jabs violentos que recuerdan los de Ali, aquellos que Norman Mailer bautizó como "*mensajes con castigo*" en su crónica para Esquire sobre la demolición que el gran Mohammed practicó en Foreman hasta noquearlo en el octavo round.

Bajo la aceleración que produjo internet, y su conexión con los jóvenes, ha corrido mucha lectura lapidando a los del tiempo pasado y glorificando a los que están llegando. No existe la vejez sin cierto patetismo, es claro, pero lo patético no es patrimonio de nadie. Los jóvenes contemporáneos que nos han tocado, lamentablemente, también llevan su patetismo de nivel grave. No tienen mucho que ver estos jóvenes con aquellos hippies que se volvieron rabiosos, como alguno definió a los punks. Tampoco con los que inventaron guerrillas mientras se daban en la cabeza con chocolate y churros en la avenida Corrientes de Buenos Aires. Ni con los que inventábamos movimientos políticos laxantes, sísmicos, testiculares. Pero, lo que es grave, no se han dado cuenta que se están volviendo minoría, y por tanto va disminuyendo drásticamente su poder de cambio.

Si una vez estuvimos a tiempo de haber impuesto que los pies puedan ir sobre el sillón, los codos sobre la mesa, y que hacer burbujas en la leche era estéticamente válido, aquellas rebeldías incipientes, hoy se está haciendo tarde. En Europa, Japón, Rusia, América del Norte, la población de mayor edad ha crecido cada año ante el número de la población joven con derecho a voto. En cifras, en el último cuarto de siglo, en muchos de estos países, el voto de los que tienen más de 50 años ha pasado a significar un 10% más que el de menos de 30. Y a esto se agrega que los jóvenes votan menos que los de mayor edad, como ocurrió en el comentado episodio Brexit.

Entender por qué el aparato de intereses que tiene como vértice a Hillary Clinton se impuso sobre la pasión de los jóvenes por el precandidato Bernie Sanders, requiere poner sobre la mesa esta circunstancia. Además de su abstención por desinterés o rechazo a la política, sencillamente los jóvenes cada vez son menos. Pero, dejando a un lado ese ingrediente, si hubo un tiempo que prometía que si trabajabas duro y eras un buen ciudadano tendrías una vida segura y tus hijos la chance de estar mucho mejor que tú, porque el progreso era una consecuencia inevitable de tus actos, los seguidores de Margarita Thatcher y Ronaldo Reagan lo han desnudado en toda su falsedad. Y ya no hay red que nos recoja si caemos, ni red sindical, ni familiar, ni de militancia. Estamos solos, desamparados. Solos, desencantados, desmotivados.

Entonces, en la democracia de audiencias, la democracia espectáculo, aparece el llamado de La Marsellesa invocando la romántica *patrie*, la tierra de nuestros ancestros, la *Fatherland*, aquella que los militares nombraban para justificar sus golpes, la que volvieron consigna los cubanos y el Che con su "*Patria o Muerte*", la que invocaba José Antonio, el español, pidiendo patria, pan y justicia. Y aparece la patria en boca de Donald, para seducir granjeros, clases medias y bajas, seres con la cabeza esterilizada por la pantalla hipnotizante y la acumulación de cerveza en la panza.

Make America Great Again, propone Trump, poniendo nuevamente a circular aquel patriótico golpe de pecho que le funcionó a Reagan en 1980. La pregunta en suspenso es ¿cómo va a hacerlo? ¿Va a ir contra el sistema, ese *establishment* al que Daron Acemoglu y James Robinson conceptualizan como las "*élites extractivas*", definiendo así a aquellas que capturan las rentas de la ciudadanía en su propio bienestar y el de su grupo?

Los Estados Unidos de Trump

Los Estados Unidos de Trump son disruptivos en el escenario del poder del dinero que representa el Partido Demócrata oficial, poder que, detrás de los sensibles enunciados, busca siempre recomponer a su favor el patrón de acumulación en plazos cortos. La inercia de la dirigencia Clinton-Obama-Clinton es la de los intereses del sistema financiero, los fondos de inversión, el famoso "*complejo industrial militar*", Wall Street. Trump juega otro juego, raya la cancha de otra forma. Es un capitalista, pero tiene un ego enorme y quiere ser original.

A Trump le gusta ganar en todos los sentidos. Incluido en el de trascender. Por eso puede llegar a ser sensible a los padecimientos de otros, tanto como ha sabido explotar el miedo primario al extraño, al extranjero, mexicano o musulmán. Puede romper con esa anestésica afirmación que repite con voz tecnócrata, estilo la Argentina de Macri, o el FMI sobre Grecia, "*son medidas necesarias, aunque sean dolorosas*", esa afirmación que exige nuevos sacrificios a la clase media en retroceso.

Trump es un especialista en sorprender. Y bajo esa característica es capaz de ir a contrapelo de los intereses de esos "inversores" (el capital financiero) que quieren tener todo a su favor utilizando las riendas del gobierno.

Si queremos entender el porqué de la enorme oposición que encontró en su precandidatura por parte del aparato republicano, debemos ubicarnos ante las conexiones entre su discurso, sus opiniones, y los intereses que eran tocados. Su discurso no se alinea como quisieran los intereses que apuntalarían los demócratas, entre ellos Monsanto, es decir, el control transgénico de la alimentación planetaria, los herbicidas de alto poder destructor, la pretensión de control excluyente de las semillas base de la alimentación.

Al tiempo que ha atacado la enorme presencia de Monsanto y sus semillas en el maíz que consumen los norteamericanos, Trump se ha mantenido lejos de los juegos de esta multinacional que aplicó todo el lobby posible para imponer el glifosato a lo ancho y largo de "*la guerra contra las drogas*" y luego en los cultivos transgénicos, hasta que en 2000 terminó su exclusividad de patente y surgieron otros herbicidas basados en glifosato.

Trump sabe o intuye el mal que ese herbicida ha causado, le han hablado de las denuncias de cáncer en los animales, de las malformaciones congénitas que ha generado cuando se lo ha fumigado, de la relación entre exposición al glifosato y autismo... Y del engaño: cuando usas una y otra vez un herbicida potente, como glifosato, las malezas se adaptan y en pocos años la hectárea que requería un litro del herbicida, requiere tres, y luego ocho. Y el envenenamiento de la tierra crece exponencial.

En el marco anterior no sería extraño esperar que adhiera a aquella línea que, más allá de esas cosméticas multas, que las multinacionales absorben sin problema cuando les toca, comienza a pedir prisión para los ejecutivos de las empresas responsables de daños al planeta en general, o a los humanos en particular.

DAME UNA CAUSA Y TE DEVOLVERÉ UN VOTO.

Trazando una descripción rápida, podemos decir que estamos viviendo una sociedad-red, en la que es central el papel que juega la diseminación de la información y la opinión. Y los que navegan ese territorio de flujos no creen ni en las instituciones ni en las ideologías, ni en organizaciones formales. Es decir, no tienen creencias constructivas, aunque sí las tienen contrarias a lo establecido. Por otra parte, son apasionados, y se agrupan detrás de causas. Pero también son aterrizados y aunque compartan objetivos en cierta forma idealistas, en cuanto causas, su objetivo de fondo, el que permanece, dista mucho del romanticismo: es dinero, y reconocimiento. Ego y medios. Aquí tenemos un marco.

En este marco se han abierto nuevos paradigmas, en cuanto a comunicación, entre ellos el de que hay cosas que ya no responden a la decisión, sino al gusto. Como el voto, por ejemplo, que responde a filias o fobias, como se define en el ámbito de quienes trabajan el tema.

No hay tiempo para racionalizar. Y la gestualidad, una sonrisa aprobatoria, un fruncir la frente desconfiando, un movimiento de inclinación de la cabeza aprobando al escuchar, por ejemplo, significan más que miles de palabras.

La memoria no es textual, es emocional. Por eso se olvida el discurso, pero no el gesto. Se olvida lo que dijo Trump, eso de que construiremos un muro contra los latinos y prohibiremos la entrada a los musulmanes, por ejemplo. Pero no olvida la gente que ese tipo como todos, porque lo vio en su avión privado comiendo una hamburguesa con papitas fritas. Trump, como nosotros, come carbohidratos, y eso nos une, siente la gente. Y aquí opera aquello de *Le creo a aquel en quien confío, por el que siento afecto, porque lo conozco, porque me interesó*. Esto es, la cadena sobre la que trabajamos en algunas estrategias con Antonio Sola, esa en que *Interés conduce a conocimiento, que conduce a afecto, que conduce a confianza, que conduce a credibilidad.*

"*Un efecto puede tener lugar solo mediante una manera ideada para que opere en el tiempo asignado para su logro*", escribió hace siglos el sabio sufi El-Ghazali. Y eso sigue funcionando hoy.

Hay elecciones en que las previsiones de las encuestas distan mucho de coincidir con la realidad, y se genera aquel comentario callejero de que menos mal que los que las hacen no fabrican condones. Pero, digamos aquí en defensa de la herramienta encuesta, que estas solo reflejan o expresan el estado de la opinión o la emoción pública en un momento. Significan una posibilidad de conducta, de comportamiento, que podrá convertirse en realidad o no, en buena parte, por el efecto que ella misma ejerza sobre el electorado, ya que su publicación provocará reflexión, miedo, reacciones en sintonía o a la contra.

Las encuestas mostraban un cabeza a cabeza, con una posición joven mayoritariamente alineada con el *Remain*. Pero David Cameron cometió todos los errores imaginables si pretendía que se votara por permanecer: hizo el referéndum sin tener en cuenta que la fecha coincidía con las vacaciones de verano de los universitarios favorables a permanecer en la Unión Europea, ni que estos iban a estar en la fecha fuera de su residencia de voto, ni que la fecha coincidía con el festival de Glastonbury, el mayor de las islas, etc., como apuntaba The Times.

Los números británicos son una radiografía tremenda. Según la última encuesta de YouGov.uk celebrada el mismo día de la votación, el 75% de los jóvenes entre 18 y 24 años querían quedarse en Europa, y un porcentaje igual de mayores de 65 años eran partidarios de irse. Los primeros pensaron que no hacía falta el esfuerzo no fueron a votar, los otros, pensando que Europa tenía la culpa de sus desgracias y su pobreza, votaron y se cargaron el futuro que querían los que no votaron, explican ahora los jóvenes desde la amargura. 16,6 millones de jóvenes británicos mayores de edad han cedido su futuro a 13,7 millones de mayores, era la conclusión. Y otros veían el enfrentamiento entre el sentimiento de superioridad intelectual de los que querían quedarse en la Unión Europea, y el apasionamiento revanchista de esa clase obrera blanca que se quería cargar todo porque no sabe para dónde va su barco.

Los que iban por el *Leave*, el Brexit, usaron como arma a los refugiados musulmanes para crearle miedos a la gente de la calle: "*Debemos recuperar nuestra nación. Ahora hay zonas por las que pasas y no sabes si estás entre ingleses o no. Cada vez es más difícil encontrar barrios tranquilos, la inseguridad ha aumentado, ahora hay que esperar mucho más para que te atienda un médico, queremos disfrutar de nuestra pinta en el pub, y por eso queremos Leave y no Remain. Perdemos identidad frente a la influencia de los extranjeros, y no queremos esto*", era el discurso del hombre raso. "*Es hora de defender lo nuestro*", decían con pasión *hooligan* los que votaron por salir de Europa. La misma irritación ante la inmigración, parte dura de la estrategia electoral Trump.

El debate británico había tenido dos respuestas diferentes en Estados Unidos: los demócratas contrarios al Brexit, Trump a favor. Y el resultado obligó a Obama, que se había sumado a la campaña del miedo, advirtiendo a los británicos que si apoyaban el Brexit se situarían "*al final de la cola*" para cualquier acuerdo comercial transatlántico, a declarar ahora que no, que "*nuestra relación no cambiará*", que seguimos unidos en todo, esforzándose en bajarle el drama a lo que antes había dicho, y extirpar los miedos que había sembrado.

Hasta aquí Donald se enorgullece de haber acertado mucho más que los que quieren extirparlo. Reconocido como un muy buen jugador de golf de fin de semana, el hombre al que le gustan los techos a más de diez metros de altura, el súper ego que en su casino *Taj Mahal* de Atlantic City sacaba fichas dedicadas a él mismo y Marla Maples, una de aquellas bombas rubias de generosas curvas y piernas hasta el cuello, actriz, modelo, reina de concurso de belleza, clichés constantes a su lado, se levanta cada día a las 5,30 a.m., le cuenta a Singer. Y este aclara que se lo cuenta en la oficina del piso 26 de la Trump Tower de Manhattan, 68 pisos, primer monumento a su marca y a sí mismo, Quinta Avenida y 56, patio interior en mármol italiano color salmón, cascada de 24 metros de altura, gran atracción de la ciudad en los años 80s. Porque, como aconseja a ejecutivos, CEOs, y otros negociadores de tratos en el libro de 1987 con el periodista Tony Schartz y la película de igual título, *The Art of The Deal*, en la que Johnny Depp hace de Trump, la única clave es pensar en grande, "*think big*".

Pensar en grande y estar siempre en forma, porque *en tiempos difíciles no se puede confiar en nadie,* confiesa, y Singer va subrayando en el diálogo el uso constante que hace su entrevistado de términos como *asombroso, estupendo, fantástico, increíble*, tanto como el advertir cada cuatro o cinco frases que lo que va a decirle "*es extraoficial, pero lo puedes usar*".

Ahí hay un punto que no anuda Singer, y es que precisamente eso es lo que más agrada a Trump, juguetear siempre con los falsos velos, con lo extraoficial, con lo no comprobado, con lo que no tiene sello de garantía que permita asumir que se trata de una verdad, pero que nos deja esa sensación. Y otro punto de alta relevancia que le dice a Singer, y que este no decodifica en todo su valor, es que "*Siempre conviene hacer las cosas del modo más complicado posible para que nadie entienda qué hiciste*", esto es, para que nadie te pueda descifrar, para no ser predecible, para no ser presa. Un cazador.

Cuando en 1987 la entrevistadora Barbara Walters le preguntó si preferiría que lo convocasen para ser candidato presidencial, o buscar por sí mismo esa posibilidad, él respondió "*It´s the hunt that I believe I love*", es la caza lo que me interesa.

Nunca desperdicia el tiempo aire que le dan los medios, y apuntando al corto tanto como al largo plazo, mientras intenta la Casa Blanca hace uso de la oportunidad para vender su marca en mil versiones, campos de golf, vodka, vino, casinos, cursos, *steaks*, hoteles, edificios. Trump no desperdicia una bala.

Traje azul marino, camisa blanca, gemelos de oro, corbata color cereza, o en clima tropical vestidito de blanco de los zapatos hacia arriba, a excepción del toque rosa en el raro peinado, el economista de la Wharton School, artista del performance, sabe lo que hace falta para exaltar el poder simbólico de Estados Unidos con un buen disfraz, tipo Las Vegas. Al punto de que en su gobierno no sería raro que se metiera con el mismísimo color de la Casa Blanca, pintándola de dorado, su color favorito para edificios, argumentando que, si es la sede del imperio más grande del planeta, no hay color mejor para ella.

Envía siempre señales contundentes para provocar reacciones que aumenten su audiencia, y no se queda varado cuando falla, como le ocurrió con los *Trump Steaks*, que pretendió comercializar en 2007 como los filetes de res Angus "*más grandes del mundo*". Como en las películas de *kung fu* y otras técnicas orientales de lucha, Donald recibe la patada voladora en los dientes y se reincorpora con total elasticidad para sorprender con un golpe inesperado.

Singer cuenta que Donald se aburre de cualquier película en pocos minutos, salvo de sus favoritas, como los festivales de golpes de Jean Claude Van Damme. Y encuentra coherencia cuando repasa sus amistades, Clint Eastwood, Sylvester Stallone. Estamos ante un hombre al que, como a ellos, le gusta el box, y como mezcla su placer con sus negocios, más de una vez ha sido promotor de peleas importantes en sus hoteles de Atlantic City, cuna de sus fracasos en los años 90s.

Para Trump las crisis, los *crash*, los accidentes, no son más que un *round*, algo que puede abarcarse en otra de sus palabras claves, *blip*. Cuando se pinchó ese globo cuyo mascarón de proa era el *Trump Castle* con sus 2239 máquinas tragamonedas, y le tocó vender desde su Boeing 727 hasta su yate de 84 metros de eslora, el *Trump Princess*, tragó aire, caminó hacia un *tee* elevado sobre un par-tres, miró a lo lejos y como hubiera hecho *Boogie el Aceitoso*, aquel personaje del negro Fontanarrosa, se limitó a decirse "*Ya sabes, eso se jodió y blip*", como quien dice, a la mierda.

No bebe ni fuma, y solo accede a dosis bajas de cafeína a través de la versión *Light* de la insignia norteamericana por excelencia. Para comer no se aleja mucho del pastel de carne con puré de papas, y en su mano libre hay siempre una Coca Cola, *Light*. Y esa sencillez en los gustos ha sido parte de su éxito en las relaciones y los afectos en la intimidad con pesos pesados como Mikhail Gorbachov, Richard Nixon, Ronald Reagan, George Bush padre, a los que, en su casa, como un niño a sus amiguitos, les ha mostrado de entrada sus trofeos, el cinturón del campeonato mundial de peso pesado de Mike Tyson, una camiseta de Shaquille O´Neal, el guante de boxeo de Evander Holyfield cuando le ganó a Tyson... Trofeos esos y otros que, en la mayoría de los casos, ha recibido directamente de aquellos amigos, que son los que ahora le respaldan, cuando aparece ese documento firmado por un centenar de celebridades pidiendo el voto contra él. "Trump es la respuesta a nuestros problemas", declara Mike Tyson, en nombre del Islam y de su propia familia, musulmana como él. Jon Voight, el padre de Angelina Jolie, ganador de un Oscar por actuación, invita a seguirle: "Todos los republicanos deben unirse detrás de este hombre". Chuck Norris afirma que si Hillary Clinton llega a la Casa Blanca destruirá lo que queda de República en el país, y llama a la unidad del partido alrededor de Trump. Kid Rock, nominado cinco veces a los premios Grammy, pide en una revista de la revista Rolling Stone "Dejen que un hombre de negocios dirija el país como un negocio". Y así siguen muchas celebridades más a su favor, encabezada la lista por el eterno republicano Clint Eastwood, frenando la ofensiva de las celebridades anti-Trump, Miley Cyrus, Bryan Cranston, Neil Patrick Harris...

Ese es uno de los círculos de protección del mediático Donald Trump, que un día se dijo *si este muchacho Obama es el presidente número 44, yo puedo ser el 45, como el calibre del Colt*, y salió a lograrlo, en un mundo dominado por la versión de la realidad creada por los medios de comunicación. Esos medios a los que el siempre sonriente Xi Jin Ping, el líder chino que más poder ha acumulado desde Mao, advertía a los periodistas, en su discurso del 95° aniversario del Partido Comunista, que los medios son para "*amar y proteger al partido*". Esto al tiempo que, en el otro hemisferio del planeta, Michelle Bachelet, la presidenta de Chile, reflexionaba ante un periodista de diario europeo que "*Los partidos tenemos que replantearnos todo, la democracia representativa por sí sola ya no da respuesta a los anhelos de la gente de ser parte constructora de la sociedad*".

Los Ángeles, Nueva York, 2016.

DOS.

CLAVES DE LA COMUNICACIÓN ELECTORAL EN TIEMPOS DE TRUMP.

1. DETENTADORES DE PRECIOS Y SEGUIDORES DE ENCUESTAS.

Estamos en un mundo cada vez más inmediato, donde son muchas las decisiones que se construyen creando un evento que genere emoción en el momento preciso. Un evento con una visión y un punto de vista que se perciba único, que zafe de la rutina de los temas de "*especialísimo interés*", como el empleo, la seguridad, la salud. Un evento que instale por un momento un sentimiento en multitudes que vagan por emociones que aparecen y se desvanecen. Gente que se asfixia y se agota ante el menor pensamiento que les pida involucrarse, que no quiere saber nada de la búsqueda de sí misma, de su lugar en el mundo.

Estamos en una sociedad que carece de valores porque lo que determina son los precios. Una sociedad del éxito regido por el precio y nuestra capacidad de pagarlo. Una sociedad sin líderes, ni verdaderos individuos. Una sociedad que consulta lo que está de moda antes de decidir, que se alinea mansamente con lo que machacan los medios de comunicación.

En esa sociedad las encuestas instalan un dilema ante el electorado: ¿votar por quien les propone ideas verdaderamente nuevas para los problemas de siempre, ignorando lo que pretenden sentenciar esas encuestas? ¿O traicionar lo que les gustaría, y votar por aquel que las encuestas afirman que será un voto útil, ganador, aunque no ofrezca ninguna propuesta trascendente para una realidad a la deriva?

En su libro *La borrachera democrática*, Alain Minc afirma que quedó atrás el tiempo de las democracias representativas, y que lo que vivimos son monarquías moderadas por las encuestas. Ante esta misma realidad Franz Hinkelammett concluye, a secas, que estamos en los límites del sistema democrático. Unos límites en los que, lejos de elegir a quienes nos representen, elegimos a quienes representan a aquellos intereses que nos controlan.

Lo anterior en tanto desaparecen del abanico las alternativas, como la de aquella izquierda de la que los inconformes esperaron tanto. Esa izquierda sobre la que, con fatalismo no exento de cierta ironía, el diario francés Libération comentó alguna vez que no soporta una discusión más de dos meses porque se fragmenta, y que solo sirve para hacer aceptar reformas antisociales que habrían sido violentamente rechazadas de haber venido de la derecha.

Sin embargo, no todo está dicho, tal como ha demostrado la irrupción de Donald Trump. Repasemos algunos antecedentes, comenzando en el año 2009, poco después del terremoto financiero con epicentro en Wall Street y Europa. Escenario: Japón, en crisis desde el estallido de la burbuja inmobiliaria comenzando los 90s, sumido en crisis de fondo por la baja natalidad que le pronostica un futuro cercano sin población joven que sostenga el costo de la población de alta edad, y un futuro largo sin población. Todos quieren cambio.

Japón es uno de los países desarrollados en que más se trabaja y menos vacaciones se tiene. Una explotación vivida, hasta hace muy poco tiempo, con sumisión, disciplina, incluso gratitud. Tradicionalmente las empresas, que empleaban a sus obreros de por vida y desarrollaban hacia sus familias una suerte de padrinazgo, "*recomendaban*" en cada elección por quién votar, facilitando la reelección de los barones del Partido Liberal Democrático, muchos de ellos provenientes de las grandes familias industriales. Pero con los despidos a partir de la crisis de los noventa, el modelo se agrietó y aquella fuerza de voto cayó en pedazos.

En las elecciones de 2009 el PLD, que había manejado Japón desde la guerra, el de la connivencia con las grandes corporaciones industriales, es arrasado por el Partido Demócrata, una disidencia con fuerte presencia de jóvenes y mujeres en sus filas. Ningún gran líder había cedido el paso desde 1963, pero ahora el ex primer ministro Toshiki Kaifu, 78 años de experiencia, caía ante un político nuevo, de 38 años, y otro barón electoral, Fumio Kyuma, al borde de los 70 años, salía derrotado por una mujer de 28 años.

El PLD, que sacó al país de la devastación de la guerra, después de 54 años caía estrepitosamente ante un partido que centró su campaña en defender el poder del pueblo, reforzar la democracia, reclamar el fin del nepotismo y la corrupción, y reivindicar la capacidad del ciudadano de decidir con su voto el futuro. Y en lo concreto, dar prioridad a las familias y no a las corporaciones, con políticas de gasto para hacer crecer el consumo, y con él la economía. Y compensar esto poniendo fin al derroche burocrático, en un Japón que antes que ser gobernado por los políticos lo es por los burócratas, la nueva versión de los mandarines del imperio. Un nuevo partido integrado por ecologistas, socialistas, ex dirigentes sindicales, defensores de los derechos de los consumidores, gente harta de la sumisión ante la opacidad burocrática, ciudadanos que quieren saber en qué se gasta el Gobierno sus impuestos y cuestionar esas decisiones si no las comparten.

Vientos de cambio que llegan, sacuden lo que estaba quieto, se alejan, vuelven. No solamente en la América de Obama, Trump y Hillary Clinton.

VERDES Y PIRATAS: LA AGENDA ESTÁ CAMBIANDO.

En todas partes una narrativa disruptiva que irrumpe, puede transformar la inercia y con ella el curso de la realidad en una dirección u otra. En la Alemania de los últimos días de los años veinte del siglo pasado, Adolfo Hitler utilizó la conspiración judía para instalar el relato que explicaría a los alemanes la crisis de la República de Weimar y el camino para salir de esa crisis. En otro momento del mundo los dirigentes sionistas concretaron el estado de Israel con el relato de la tierra palestina como derecho natural de un pueblo que venía del holocausto. Y en medio del bajón de la ex Unión Soviética destrozada en pedazos, Vladimir Putin lo hizo con el relato de devolver a la Santa Madre Rusia el lugar privilegiado a que tiene derecho.

En un tiempo en que, como diría cualquier pensador de izquierda, las corporaciones globales disputan el gobierno del mundo con los electorados, la opción de cambio la tiene el "*idiot savant*" del decir francés, el diferente que habla en un lenguaje que no es el uniforme, el de todo el mundo, el que no está en la ola colectiva. El que vive singularmente, como define Byung-Chul Han en su libro Psicopolítica.

Frijtof Capra, que años después pasó a dar cursos sobre ecología y paz en la Universidad de Berkeley, a principios de los ochenta publicó con Charlene Spretnak "*Green Politics*", un texto que dio una seductora base racional al movimiento Verde alemán convocando audiencias de gente "antipartido" con un discurso que olía a partículas subatómicas holísticamente conectadas unas con otras, y proponía cuatro pilares para la acción: ecología, responsabilidad social, democracia de base y no-violencia.

Años después, a principios del nuevo siglo, un nuevo tema entró en juego, el de las libertades civiles en internet, al que se sumó rápidamente la necesidad de reforma de los derechos de autor, del régimen de *copyrigh* que ha entrado en conflicto con los derechos humanos fundamentales, en la lectura de gente como el ingeniero informático sueco Rickard Falkvinge. Recogiendo inquietudes de una nueva clase social, la de usuarios de internet y teléfonos móviles, Falkvinge pasó a liderar los conflictos generados en torno a estos temas, interpretando que la lucha por la defensa de los derechos civiles hoy se libra en la web.

Los partidos tradicionales carecen de políticas para el nuevo espacio público natural de los nativos digitales, el universo internet, la llamada sociedad de la información, en la que solo ven posibilidades de manipulación y vigilancia estatal sobre la vida del ciudadano. Por su parte los estados, con Reino Unido, Francia y Estados Unidos a la cabeza, priorizaron los intereses de las corporaciones que lucran con la música y el cine en un principio, para pasar pronto a atacar duramente al tráfico libre de esos contenidos entre personas, al que identificaron como tráfico "*pirata*".

Entonces surgió en Suecia, 2006, el Partido Pirata, en principio como una versión del *single issue party*, el partido con un solo tema, proponiendo la libre circulación de la cultura, limitar los derechos de autor, liberar el intercambio de archivos en la web, garantizar la privacidad de los usuarios de la misma. Es decir, un partido centrado en el nuevo universo digital, que consiguió rápidamente el 7,1% de los votos para el Parlamento Europeo, y se extendió a otros países, entre ellos Alemania, donde pronto consiguió 845.000 votos, el 2% del electorado en las elecciones federales, conectando con los jóvenes que repudian la política tradicional.

En el campo del intercambio de archivos sin finalidad comercial los Piratas se propusieron limitar a cinco años la protección del copyright, que antes cubría toda la vida del autor y otras decenas de años después. Su argumento, que nadie puede pretender con una recuperación de dinero durante más de un siglo. Y declararon, como principios, que todos tenemos derecho a la privacidad de la correspondencia, y que eso debe defenderse ante un desarrollo tecnológico que permite a los estados controlar la comunicación, como se está haciendo.

En agosto de 2010, ante la contraofensiva mundial coordinada por Estados Unidos contra el *hacktivismo*, el Partido Pirata sueco anunció que albergaría en sus servidores gratuitos a Wikileaks y su difusión de archivos confidenciales, para "*contribuir al esfuerzo de incrementar la transparencia y responsabilidad del poder en el mundo*".

En un punto fundamental de sus principios, los piratas consideran que las patentes deben ser suprimidas, ya que obstaculizan la innovación y solo sirven a la creación de monopolios privados, empleadas por "*las grandes compañías para impedir que empresas más pequeñas puedan competir en igualdad de condiciones*", en especial en temas fundamentales de la humanidad, como la biotecnología, permitiendo a estas corporaciones controlar la genética a partir de la creciente captura de patentes sobre el genoma humano.

Son nuevos temas que aparecen en la agenda política del mundo, impulsados por políticos que llegan de afuera de la política de partidos. Nuevos temas que son parte de la realidad, pero para los que, en la mayoría de nuestros países, no tienen posición definida ni políticos, ni partidos. Ni hay legislación que se ajuste a la velocidad de cambio, ni capacidad de gestión en los gobiernos.

OLVIDA LO QUE HAS DADO,
PERO NUNCA LO QUE HAS RECIBIDO.

Antes de coronar la presidencia de Brasil con una coalición que incluía a los evangélicos, el candidato Luiz Inacio Lula Da Silva había fracasado tres veces en su aspiración presidencial por el Partido de los Trabajadores. Una característica común de aquellos fracasos fue que la Iglesia Universal del Reino de Dios le señalaba como una "*fuerza del mal*", "*representante del Diablo*". La importancia de esto se puede apreciar rápidamente sabiendo que los evangélicos componen alrededor del 20% del electorado brasilero, y sus jerarquías poseen un aparato mediático, con emisoras de radio y televisión, que permiten una potente articulación entre religión y política, lo que se traduce en la fuerza de sus bancadas parlamentarias. Lula tenía lo suficiente para ganar, pero en su camino siempre aparecía este Iceberg que no sabía cómo evitar, al no comprender que la única forma de lograrlo era poniéndolo de su lado.

Una característica del candidato Titanic, como Lula en aquellas ocasiones, es que tiene todo para ganar, pero cuando se tropieza con el Iceberg no comprende el significado de esa señal impactando su línea de flotación. Se imagina inundible, y aunque empieza a sentir que crece la incómoda humedad en su campaña, persiste en la rutina en que venía, e inexorablemente su campaña comienza a hacer glub, glub. Como cuando tras la Convención que le ha proclamado candidato, Trump toma actitudes que generan más fricción para su propia campaña que para la de su oponente, como cuando señala que posiblemente a la madre del soldado Humayun Khan, caído en Irak, y que aparece de pie, en silencio junto a su esposo que habla apoyando a Clinton en la Convención Demócrata, no le está permitido usar la palabra por ser musulmana. Horas más tarde el candidato, que suele improvisar sus discursos e improvisa aún más en las entrevistas, en una del Washington Post devuelve frialdades recibidas, anunciando que no respaldará en sus campañas a dos pesos pesados republicanos, como Paul Ryan y John McCain, desatando las furias en el alto nivel del partido.

Para observar la gravedad de errores de este calibre, tomemos el caso de Marina Silva, que estuvo a un paso de ser la presidenta de ese Brasil casi continente, ese país irreverente que en un tiempo conoció aquella deliciosa extravagancia de la *Democracia Corinthiana,* una revolución encabezada por Sócrates en tiempos de dictadura militar, en la que los jugadores se tomaron la dirección del club Corinthians, y todo se decidía por mayoría, discutiendo y votando los sistemas de juego para cada partido, los métodos de trabajo, la distribución del dinero. Esto para enmarcar la capacidad transgresora de los brasileros.

En plena campaña por la presidencia, agosto 2014, Eduardo Campos, candidato del Partido Socialista, muere en un accidente de aviación y emerge Marina Silva, su compañera de fórmula, dando un vuelco a la situación. Sube y sube en las encuestas sin restar intención de voto a nadie, logrando el apoyo de los indecisos y los que iban a votar nulo. La clase media, que está enfadada con los políticos, es joven y tiene formación, hasta el momento no iba a votar, pero ve a Marina como una posibilidad. En una campaña sin emoción, ella la hace sentir, cuenta con la militancia virtual más agresiva, el apoyo de los menos escolarizados, también el de los evangélicos, como ella. Y la elección está ahí, 5 de octubre, a la vuelta de unas semanas.

Marina es todo un relato. Viene del campo, a los 6 años se intoxicó con mercurio, de lo que aún arrastra consecuencias. Luego sufre cinco veces de malaria y tres de hepatitis. Huérfana de madre muy niña, trabaja como empleada doméstica, aprende a leer a los 16, se gradúa en historia, se casa, se separa, se vuelve a casar, tiene cuatro hijos, es evangélica, de la Asamblea de Dios, y defiende un ambientalismo brumoso, "*compromiso con la sustentabilidad ecológica*". Su partido, Red Sustentabilidad, rechaza donaciones de empresas de tabaco, bebidas alcohólicas, agrotóxicos. Un mix que logra que muchos votantes proyecten sobre Marina las mejores fantasías, y lo que falta de carrera electoral es muy poco.

El 18 de agosto Dilma/PT tenía el 36% de la intención de voto, Aecio Neves, del Partido de la Social Democracia Brasilera PSDB, estaba empatado con el partido de Marina unos 15 puntos atrás. Pero el 30 de agosto todo había cambiado, Marina empataba en intención de voto con Dilma, ambas en el 34%, en tanto la economía de Brasil entra en recesión técnica. El escenario del voto lo domina la clase C, la media emergente. Representa el 54% de los electores, es la clave de la elección. Marina aún no clasificó allí. Tampoco Dilma Rousseff, que tiene el voto de las clases D y E, los más pobres. Y menos Aécio Neves, que captura el voto de las clases altas, A y B. Pero la gente de Marina no sabe ver con claridad la oportunidad, y menos el iceberg que puede haber allí.

Esa clase C quiere que mejore la calidad de los servicios públicos, del transporte, de la educación. Está agradecida con el PT y los dos gobiernos de Lula, pero quiere más. Mira hacia adelante, y ha identificado lo que aún no logró. Ahí está la oportunidad que Marina Titanic no sabe cómo navegar. El 4 de septiembre, un mes antes de la elección, hay un debate, y cruzándose a la vaga retórica de Marina ("*voy a gobernar con los buenos, con los mejores de cada partido*") Dilma le pregunta a quemarropa cómo va a conciliar su promesa de continuar con las políticas sociales iniciadas en 2003 por Lula, con la política económica ortodoxa que propone, orientada a la reducción del gasto público.

Tres minutos para responder. Marina transpira, comienza a dar vueltas y soltar adjetivos, sin aportar un solo dato sobre qué va a hacer para financiar programas sociales como Bolsa Familia o Brasil Sin Fronteras. Dilma golpea sin piedad: "*Candidata, usted habló bastante pero no dijo nada concreto sobre lo que le pregunté*". Marina no comprende la dimensión del impacto, y comete otro error de envergadura: publica su programa. Ni Dilma ni Aécio publicaron los suyos, para evitar críticas tanto como para no tener que enfrentarse a contradicciones que les pudieran afectar.

Abanderada de la "*nueva política*", Marina no vigila su línea de flotación y propone defender el matrimonio igualitario. Los pastores evangélicos que la apoyan se le rebotan, y en horas tiene que salir a decir que anula ese postulado. Aunque no lo parezca, Brasil es conservador, y como muestra una encuesta nacional Ibope, mayoritariamente rechaza el matrimonio gay, tanto como el aborto y la marihuana. En la práctica fumar "*maconha*" es algo casi general, y la interrupción del embarazo es una práctica habitual en una de cada cinco brasileras, a pesar de que eso está prohibido por la ley, salvo en casos de violación o malformación del feto. *Mais, menino*... una cosa es realidad, y otra opinión.

La candidata da las primeras señales de estupefacción, no ve la bola ni cuadrada, como dicen los *torcedores* de Flamengo o Botafogo ante un mal jugador. Es evidente que ni ella ni su equipo comprenden lo que comienza a pasar, y si lo comprenden no saben cómo reaccionar. Ahí hay una diferencia notable con Trump, y es que un Donald estupefacto no existirá jamás, porque su reacción visceral es siempre saltar hacia adelante, seguir atropellando, como si nada ocurriera, tal cual hizo cuando republicanos de primer nivel, la presidenta de la multinacional Hewlett Packard, el congresista Richard Hanna, anunciaron que votarían por su rival.

Pero el agua aún no subió a las cubiertas superiores, y Marina Titanic sigue navegando como favorita para vencer en la segunda vuelta, 46% contra 39% de la candidata del Partido de los Trabajadores. Sin embargo, a tres semanas de la elección, Dilma ha subido al 43% y está empatada con Marina, que ha ganado 7 puntos de rechazo, convertida en el blanco de todos los ataques. En particular del de la campaña del PT, que apela al voto del miedo, recordando que Marina quiere darle mayor autonomía al Banco Central, y que esa medida acarrearía perjuicios duros para los más pobres. Un grupo de ejecutivos en una reunión de empresa aparece en un mensaje del PT, y la voz del locutor explica que dejar el control de los bancos a los banqueros, como propone Marina, traerá funestas consecuencias. En la escena siguiente, una familia se dispone a comer cuando ve que, como por arte de magia, la comida de los platos se esfuma. Una puñalada directa a la yugular.

Exhalando un aire espiritual filo mesiánico, Marina responde a los ataques de Dilma diciendo que no va a eliminar esa subvención que sostiene a las familias más pobres: "*Porque yo sé lo que es pasar hambre*". Entonces evoca su infancia, trabajando de recolectora de caucho junto a sus siete hermanos, sin saber leer ni escribir, cuenta que, cuando había qué comer en casa, compartían "*un huevo, un poco de harina, sal y unos trozos de cebolla*". Y concluye que "*Quien vive esa experiencia jamás acabará con la Bolsa Familia. Lo mío no es un discurso. Es una vida*".

Terrenal, brutal casi, Dilma declara que quien aspira a llegar a conducir Brasil no puede ser alguien débil, que vive lloriqueando, quejándose de la vida que le tocó. Marina no reacciona. Su orquesta sigue tocando el vals de "*una manera nueva de gobernar*", en contraste con la "*vieja política de pactos y corrupciones*" de la que acusa al PT. Pero la gente quiere sentir algo que ella no da, y el barco empieza a escorar: en 15 días cae al 30% de la intención de voto, aunque el 70% de los electores encuestados siguen deseando cambio. Brasil está mal, siente la gente. Los índices económicos asustan, la corrupción es ventilada insistentemente en los medios, y el Gobierno no ha sabido ofrecer unos servicios públicos dignos de la riqueza que posee el país.

Marina tenía todo para ganar, pero no sabe cómo sintonizar con lo que se espera de ella, y además, debido a las alianzas políticas de su partido, Dilma tiene a su disposición más de 11 minutos de televisión al día, en tanto el partido de Marina no llega a tres. Una diferencia de presencia e insistencia que la campaña del PT usa para insistir en que si Marina Silva gana, muchas de las conquistas sociales conseguidas con Lula y Dilma, salarios sociales a las familias más pobres, subvenciones para vivienda, etc., van a desaparecer. Un mensaje que cala potente en la clase C, compuesta por casi 30 millones de personas que han abandonado la pobreza en la última década bajo gobiernos del PT.

A las propuestas de una presidenta que busca la reelección, su oponente podría haberle respondido el obvio *¿por qué no lo hizo en su gobierno?*, y declararse capaz de hacer lo que el PT no fue capaz. O, al presentar Dilma sus obras y las de Lula, acusarla de solo referirse al pasado cuando lo que le preocupa al electorado es el futuro. Pero no hay reacción, ni comprende Marina la volubilidad del voto de opinión sobre el que creció su opción. Y el daño ya es tal que una semana antes de la elección Dilma la supera en 13 puntos, que significan unos 15 millones de votos.

Con el agua cubriendo la cubierta superior, la gente de Marina aún confía en una sorpresa de parte de los jóvenes, la "*generación online*" que, en un país de voto obligatorio, puede decidir el futuro: el 39,4% de los electores brasileños tiene entre 16 y 34 años. Fueron los protagonistas de las manifestaciones tumultuosas durante el Mundial de Fútbol, rechazando a la política y a los partidos. Pero llega el 5 de octubre y con el 21% de los votos, Marina Titanic se hundió en un tercer lugar, con el mismo porcentaje de votos que había conseguido en 2010, cuando se postuló por el Partido Verde. Y su lugar en la segunda vuelta pasó a ocuparlo Aécio Neves, 54, economista, una celebridad con imagen de playboy, hombre de fiestas, asociado a bellas modelos, al que en esta campaña el equipo de retoque ha proyectado como un hombre de familia, padre de gemelos recién nacidos, recordando que fue secretario personal de su abuelo Tancredo Neves, entonces gobernador de Minas Gerais y luego primer presidente electo tras la dictadura militar, que murió antes de asumir el cargo en 1985. Pero sus asesores no saben esquivar el iceberg del consumo de cocaína con el que le golpean desde la anarquía internet.

"*Comparadas con la guerra, todas las demás actividades son una insignificancia*", decía el desaforado general George Patton. Y esta campaña le dio la razón, como se la vuelve a dar la estadounidense 2016. En un Brasil dividido, que parece partido en nordeste pobre y sudeste rico, en el que en las redes sociales se multiplican episodios de amistades y familias destruidas al calor de la campaña, los dos candidatos llegan empatados a las urnas, y el resultado, el triunfo de Dilma con el 51,62% de los votos, muchos lo atribuyen al ataque despiadado que Neves sufre en la red. Esa red que puede convertir una anécdota en un huracán. O neutralizar ese huracán.

Una red en la que un hecho bien posicionado en los buscadores, como el de Trump echando de un mitin a un bebé que llora y su mamá, que no sabe cómo consolarlo, puede enfriar a mucho entusiasta seguidor del candidato. Aunque también seducir a otros, ante la franqueza que expresa Trump cuando, sin vacilar en usar la rudeza, le pide a la mamá, ante el llanto que no cesa, "*llévate a ese bebé ya mismo de aquí, ¿no te das cuenta que está molestando?*", algo que muchos pensarían en ese caso, pero ningún otro se atrevería a expresarlo.

LOS ICEBERG QUE FLOTAN EN INTERNET.

En su libro *The New Mind Control*, Robert Epstein, ex editor de Psychology Today, se refiere al poder que tienen sobre la opinión de quien apela al buscador, los primeros ítems de la lista de resultados que aparecen cuando un navegante *googlea* en busca de una información. Específicamente analiza el impacto que tiene estar un lugar antes o un lugar después, o en la primera página o en la segunda de Google. Y cita estudios que realizó con Ronald Robertson, en los que expusieron información sobre candidatos a diferentes grupos que *googlearon* sus nombres para hacerse una opinión. La información ubicada en primer lugar condicionó la opinión e intención de voto en un 48,4% en el primer estudio, y en un segundo, con más de dos mil entrevistados en todo Estados Unidos, el desplazamiento de la preferencia de voto fue superior al 37%. Y en algunos grupos demográficos cercana al 80%.

También comprobaron que, si mezclaban opinión contradictoria, esto es parte en favor de otro candidato en la tercera o cuarta posición de los resultados de búsqueda, la manipulación se volvía prácticamente indetectable, y así se podían lograr cambios en la preferencia de voto sin dejar ningún rastro de la operación.

Para comprobar la validez universal de la experiencia, a principios de 2014 Epstein y Robertson se desplazaron a India, a la elección de primer ministro, donde los tres principales competidores eran Rahul Gandhi, Arvind Kejriwal y Narendra Modi. Reclutaron más de dos mil personas de toda India, empadronadas para votar, que aún no habían votado y que estaban indecisas sobre su decisión. Se los distribuyó al azar en tres grupos de motores de búsqueda, cada uno de estos favoreciendo a uno de los candidatos, y el resultado fue que se modificó la proporción de gente que votaría por un determinado candidato en más del 20% del total de la muestra, y en más del 60% en algunos grupos demográficos. Y el 99,5% de los participantes en la prueba, no sospechó siquiera que estuviera expuesto a una manipulación.

Epstein observa entonces que la posición de Google en las búsquedas de información en Internet es prácticamente monopólica, tanto que el 90% de las búsquedas online en el mundo se hacen a través de este buscador, y estas búsquedas no están sujetas a ninguna regulación, por lo que, si Google favorece a un candidato en unas elecciones, o siembra información negativa, o positiva, el impacto en los votantes indecisos podría decidir el resultado de esa votación.

Conociéndose que en las últimas presidenciales estadounidenses la empresa y sus principales directivos aportaron grandes sumas a las campañas demócratas, Epstein apunta una obvia consideración: si se tiene en cuenta que los participantes de la investigación fueron expuestos a una sola interacción, es de imaginar cuál sería el impacto de favorecer o "*envenenar*" una candidatura en búsquedas desde semanas o meses previos a una elección. Y concluye que Google tiene actualmente en sus manos la posibilidad de, como mínimo, darle la vuelta al 25% de las elecciones nacionales en todo el planeta, sin que nadie se dé cuenta de que eso ocurrió.

Probablemente sin conocer estas experiencias, pero habiendo sufrido su candidatura el impacto de información negativa en la red, luego de perder por una mínima diferencia la segunda vuelta de la elección presidencial de Brasil, Neves demandó a los buscadores Google, Yahoo y Bing, tanto como a la red social Facebook, por la constante asociación que hicieron de su nombre con las palabras "*cocaína*", "*borracho*", "*esnifar*". Lo cual, unos cuantos meses después, parece un juego de niños, comparado con los icebergs que aparecen, como peligros que saltan en un juego de maquinitas, en la ruta de navegación de Donald Trump.

LA CAMPAÑA DE HILLARY CLINTON, EL BIG DATA Y LA NUEVA ESTRUCTURA.

Hacia 1928 y bajo el título "*Organizar el caos*", Edward Bernays afirmaba en el primer capítulo de su libro sobre propaganda, que "*la manipulación consciente e inteligente de las opiniones y costumbres organizadas de las masas desempeña un papel importante en nuestras sociedades democráticas*", y que quienes manipulan este mecanismo social imperceptible "*constituyen un gobierno invisible que dirige verdaderamente los países*".

Una página web, un video, un mail, son unidades de sentido que requieren un correcto enfoque estratégico de la motivación. Un enfoque capaz de liderar tendencias de espontaneidad, como las que se reflejan en el flujo de signos en internet, tuits, retuits, fotografías subidas a Instagram, videos hechos con el Smartphone y colgados en Youtube, chistes o burlas que ruedan por whatsapp, repotenciación del mensaje en Facebook.

Con la cantidad de información de sus usuarios que posee, Facebook puede influir en cualquier elección, lo probó en el muy citado experimento que hizo en 2010 enviando recordatorios motivando a votar a 60 millones de sus usuarios el día de una elección, logrando que 340.000 personas que no iban a ir a votar decidieran hacerlo.

New York, 2016. La sede central de la campaña de Hillary Diane Rodham Clinton por la nominación démocrata, en Brooklyn, es ocupada por cuatro centenares de personas entre las que protagoniza Stephanie Shannon, ex alta directiva de Google.

A un costado de la oficina Shannon, en una estructura física que dista mucho de ser arbitraria, está el área que se ocupa de las comunicaciones internas, y de mantener y mejorar las webs. Esto es, operación, cuerpo. Unos pasos más allá, el área *Analytics*, cerebro y corazón, unas decenas de expertos en datos que analizan la información para identificar dónde están, qué quieren, a qué mensajes responden los votantes. El centro de la mayoría de campañas estadounidenses, desde la que ganó la reelección de Obama, está aquí.

Entre ambas áreas, otra que se ocupa de construir e incrementar las relaciones con todos los grupos de interés en todos los estados, y muy cerca la que se ocupa de la comunicación, desde redes sociales hasta prensa. Esto es, la zona de lubricación. Importantísimo, porque cuando eliminas ruidos y bloqueos, la comunicación se acelera y con la velocidad aumenta la fricción.

La campaña de Hillary Clinton, como la candidata, es fría, metódica, profesional. Y como tal, quiere tener todo bajo control. Es allí donde entra en juego "*la minería*", la extracción de datos para saber dónde estamos, y cómo podemos llegar adonde queremos ir.

El Big Data permite detectar deseos, inclinaciones, tendencias de las que no somos conscientes, lo que lo convierte en un arma prospectiva pesada, porque a partir del registro de cada clic que hacemos, de cada palabra que ponemos en la pantalla del computador, cruza datos y hace posible pronosticar comportamientos con margen estrecho de error. Y así permite tomar decisiones para afectar nichos de votantes a nivel emocional, pre reflexivo.

El *datamining* es un protagonista de la campaña de la señora Clinton porque a partir de la recopilación e interrelación de datos permitió a sus estrategas operar con perfiles precisos, hacer *microtargeting* para dirigirse con precisión a los intereses y las emociones de los electores, casi que uno por uno. Porque, como observa Chris Anderson en su libro *The End of Theory*, hoy se puede radiografiar lo que hay, lo que hacemos, por qué lo hacemos, desalojando de forma ruda y probablemente definitiva al bla blá de las ciencias sociales. Esto es, despidiendo, *You´re Fired*, al estilo Trump en su reality show, a toda la teorización sobre el comportamiento humano, de la lingüística a la psicología, la sociología, la ontología.

El método estadístico y la posibilidad de medir las relaciones natalidad mortalidad, etc., permitiendo controlar, regular, administrar, disciplinar cuerpos y población, como observan Foucault y su biopolítica, revoluciona el siglo XVII. Pero hay una parte de las conductas que queda fuera de control, y es la que hace que un siglo después surja el romanticismo oponiendo a lo estadísticamente probable lo repentino, el accidente, lo singular, la excepción.

Para tener control sobre lo repentino, el accidente, la excepción, llegó el Big Data, que significa la sofisticación de la estadística al penetrar lo interior, y permitir trabajar estimulando la forma en que un individuo actúa sobre sí mismo. Lo subraya en su *Psicopolítica* Han, refiriéndose a una operación sobre nosotros que ha dejado atrás la primitiva negatividad y ahora nos mueve con estímulos positivos, con el "*me gusta*", luego de tomar nota de nuestras inclinaciones y deseos, agradando en lugar de sometiendo: "*La técnica de poder del régimen neoliberal no es prohibitoria, protectora o represiva, sino prospectiva, permisiva y proyectiva*", nos dice y agrega: "*No se reprimen las necesidades, se las estimula*". La campaña de Hillary Clinton utilizó esta línea para enfrentar a la de Donald Trump.

Hay una distinción entre poder duro y blando, que expuso, siguiendo a Gramsci, Joseph Nye, distinguiéndolos por la manera en que se consigue que los otros hagan lo que uno quiere. El poder duro lo hace de una manera directa, amenazando (garrote, promesas de muros, expulsión de musulmanes y mexicanos), o incentivando (zanahoria, ser la voz de los que no tienen voz, recuperar empleos y grandeza para el país). Fue el que escogieron Trump y su equipo, encabezado por Paul Manafort, que fue estratega de duros como el congoleño Mobutu Sese Seko y el filipino Ferdinand Marcos, y tiene oficio en juegos ásperos.

LA GENTE OLVIDA LO QUE DICES,

PERO NO COMO LA HACES SENTIR.

Los millonarios tienen mucho a su favor, pero a veces el poder económico les impide ver la realidad a su alrededor. Tienen todo para ganar, como demostró hace años Silvio Berlusconi, tercera fortuna de Italia, dueño del holding financiero Fininvest, canales de televisión, el grupo editorial Mondadori, la empresa de publicidad Publitalia. Pero la clave de Berlusconi no fueron solo sus millones, sino ser dueño de un conocimiento íntimo respecto a la sensibilidad y la emocionalidad del italiano "*del montón*". A partir de la cual *Il Cavalieri* se hizo con la presidencia del país mediante una estrategia bien montada, luego de encargar a los estrategas el diseño de un partido a su medida, Forza Italia.

Y también tienen esa lejanía que los separa glacialmente de la base electoral cuando carecen de la sensibilidad necesaria para acortar distancias. En la campaña 2016 por la alcaldía de Londres, el laborista Sadiq Khan, hijo de un inmigrante paquistaní conductor de buses, poniendo la cara al populismo antimusulmán y la campaña que asociaba ese origen con el terrorismo, se impuso por 14 puntos a un multimillonario, Zac Goldsmith, aristócrata heredero de una dinastía de banqueros judíos, que parecía tenerlo todo a su favor. Pero en su campaña puerta a puerta Khan hablaba de las necesidades de la mayoría, la carestía de la vida, del aire contaminado que debe respirar quien atraviesa la ciudad como peatón, de la tarifa del transporte que aumenta cada enero. En tanto Goldsmith, ajeno a la realidad de esa mayoría, hablaba de mejorar el servicio de transporte, de encarar un programa de cuatro años para solucionar el déficit de vivienda en la ciudad, técnico, lejano, como desde un manual.

En América Latina hay millonarios que, a partir de su base como dueños de clubes de fútbol, invierten en buenos estrategas y equipos tácticos, y hacen evidente lo que significa el poder económico aplicado con inteligencia y precisión. Como Sebastián Piñera, patrimonio superior a los 2.500 millones de dólares según la revista Forbes, presidente de Chile 2010. O como, cruzando los

Andes, Mauricio Macri, *patrón* del club Boca Juniors, al que un buen equipo estratégico colocó primero al frente de Buenos Aires, y luego convirtió en presidente de Argentina.

Si lo tradicional en comunicación política electoral chilena eran las pintadas, las "*rayaduras*" de paredes, en esta elección eso se convirtió en pasado. La vía pública fue inundada de carteles con las caras de los diferentes candidatos en una gran confusión, pero el juego estaba en la red. Y en el trabajo de la infantería, el polo a tierra de las esquinas, donde los grupos de "voluntarios" pagos de Piñera con camisetas de la campaña, repartían pulseras, almanaques, convocando a los conciertos de las bandas más populares en los actos del candidato.

Propietario del popular club de fútbol Colo Colo, como Berlusconi del A. C. Milan y, también como "*il caimano*", de un canal de televisión que agita las banderas clásicas de la derecha, la lucha contra la corrupción, contra la delincuencia fuera de control y por el "*buen manejo*" de la economía, Piñera logra reducir la lejanía de su fría imagen, y a punta de carteles llenos de color, y con la popular estrella de su línea aérea Lan (hoy Latam) como símbolo asociado a su rostro, se impone sobre Eduardo Frei, que trata de apoyar su poca gracia con la imagen de la ultra popular Michelle Bachelet, apareciendo en los carteles como un ángel protector detrás de Frei.

Esta relativa novedad de los millonarios metidos a políticos indudablemente se nutre en Latinoamérica del deterioro de las relaciones que sostenían los partidos y los políticos tradicionales con el elector, opinan algunos. Y de la ventaja de poder jugar duro, como Trump cuando se lanzó con toda la artillería, afirmando a diestra y siniestra que no necesitaba que le financiaran la campaña, que con su fortuna le era suficiente.

Pero las subidas y descensos que van registrando las encuestas al pasar las semanas, ponen en evidencia que la relación del candidato y el posible votante es frágil, se disuelve rápidamente, bajo una suerte de ley que dice que la permanencia del vínculo es enemiga de la atracción. Y esto ocurre porque el combustible con que se mueve este escenario es la emoción, que viene del griego *emotion*, movimiento. Un movimiento de neuroquímica y hormonas que cuando es negativo hace colapsar a nuestro organismo físico en forma de malestar, enfermedades e incluso de muerte.

Suena ya a arqueología, pero viene bien recordar aquellas advertencias que nos alertaban sobre que cuando vemos la televisión el hemisferio derecho del cerebro está el doble de activo que el izquierdo, que otro efecto de la televisión es que las regiones superiores del cerebro, como la zona media y el neocórtex, quedan inactivas y la mayor parte de la actividad se desplaza al sistema límbico, donde se originan los impulsos emocionales.

En tanto la racionalidad establece procesos de marcada estabilidad, las emociones están reguladas por el sistema límbico, sede de los impulsos que detonan la sorpresa, el factor inesperado, la posibilidad de cambio. De ahí la afirmación de que el de la emoción es un nivel semiinconsciente, pre-reflexivo.

Comparando el performance de Donald Trump con el de Hillary Clinton en campaña, es inevitable recordar aquel plano emocional de Juan Hitzig, que diferenciaba conductas R y conductas S. Hitzig afirmaba que conductas resentidas, rencorosas, que reprochan o reprimen, y a las que podríamos alinear en el lado Trump, producen cortisol, potente hormona del estrés que genera actitudes D: depresión, desánimo, desesperación, desolación. En tanto las conductas relacionadas con la letra S, sonrisa, serenidad, sociabilidad, en las que se alineó Clinton, movilizan serotonina, hormona generadora de tranquilidad, que mejora la calidad de vida, aleja la enfermedad y retarda la velocidad del envejecimiento celular. Y estas conductas S generan actitudes A: amor, aprecio, amistad, acercamiento.

En un momento histórico necesitado de esperanza, quien tiene los medios y la inteligencia para fabricar su propia autopista de sentimientos y moverse por ahí a alta velocidad, puede irrumpir y golpear. El problema es permanecer en el efecto que se construyó.

QUIEN NECESITA ESPERANZA VOTA CANDIDATO NUEVO.

QUIEN TIENE MIEDO, VOTA LO QUE YA CONOCE.

Aunque Hillary Clinton, con el positivo discurso del presidente Obama y todo el aparato demócrata respaldándola, salió a navegar con discurso de esperanza, a lo Obama 2008 (*Hope, Yes We Can*), era evidente que tras cuarenta años moviéndose en el poder representaba a la vieja clase política, al *establishment*. Hillary era lo viejo, lo conocido, eso por lo que se vota cuando se tiene miedo. Pero ella anunciaba esperanza, y tuvo que virar de la esperanza hacia la manipulación del miedo a "*la irresponsabilidad y el autoritarismo del misógino y xenófobo*" Trump para coincidir con el voto.

Agitando la indefensión del país en manos demócratas, Trump se presentó como un operador del miedo, pero a punta de repudiar los tratados de libre comercio que dejaban sin empleo a los obreros estadounidenses, y anunciar muros para contener la mano de obra barata de los inmigrantes mexicanos, pasó a significar la esperanza de los obreros blancos de clase media baja, nostálgicos de un tiempo en que trabajaban en industrias de un país que parece no existir más.

Interesante transmutación de significados, de valores, de lógicas operando sobre la decisión de voto de un país, en coyunturas donde confluyen líneas de alta tensión. Como en Perú, que sirve para el caso como un espejo.

Hija de un ex presidente que cumple condena de 25 años de prisión por corrupción y crímenes de lesa humanidad, y del que fue primera dama durante seis años, tras el divorcio de sus padres, Keiko Fujimori fue derrotada por Ollanta Humala en 2011 y se dedicó a recorrer el país. Meticuloso trabajo de hormiga con el que convirtió a Fuerza Popular, su partido, en la primera maquinaria electoral del Perú, ganando la primera vuelta 2016 con el 39% de los votos, porcentaje en el que incidieron fuertemente las votaciones de los sectores populares que añoran el clientelismo del gobierno de su padre.

Junto a ella pasó al ballotage Pedro Pablo Kuzcynsky, con el voto de los sectores urbanos y altos. Ex banquero, como la familia de su madre, por cuyo lado es primo del gran cineasta de culto Jean Luc Godard, el liberal de centro derecha popularmente conocido como PPK, es un personaje con un revuelto biográfico de excepción. Ha participado en reuniones del club Bildeberg, lo cual suena a contrampelo siendo hijo de un médico alemán de origen polaco especializado en enfermedades tropicales, que viajó a la selva peruana para estudiarlas *in situ*, y al poco tiempo dirigía el leprosario de San Pablo, cerca de Iquitos, que en esa época visita y registra en sus diarios de viaje el Che Guevara, recién graduado de medicina.

Allá comienza a crecer el niño PPK, aprende lo que no le gusta, y pasa a conocer lo que sí le gusta en colegios de Lima y Gran Bretaña. Se gradúa en Oxford, en Stanford, al tiempo que se convierte en un músico de alto nivel luego de estudiar flauta traversa en un conservatorio suizo. Más tarde conoce a su esposa Nancy Lange, prima de la actriz Jessica Lange, aquella belleza que toma en su mano el gran gorila en la película King Kong. Reside largos años en Estados Unidos, y en 1955 regresa con el gobierno Belaunde, y ahí comienza el pingpong de PPK: se exilia durante el gobierno militar, vuelve en 1980 para ser ministro de Minas, parte cuando llega Fujimori, regresa como mano derecha de Alejandro Toledo, desde el ministerio de Economía primero y luego como presidente del Consejo de Ministros.

Al igual que Keiko, Kuczynski fracasa en su intento de presidencia 2011, pero en dos meses de 2016 pasa de no tener ninguna opción en las encuestas, a disputar la segunda vuelta tras la eliminación de dos candidatos con mayor opción por parte de la junta electoral, y el temor a que ganara Verónika Mendoza, la joven candidata de izquierda. Keiko tiene como ruta obligada la de insistir en que su gobierno no será la repetición del de su padre en cuanto a autoritarismo y corrupción, pero no es fácil evadir los icebergs, porque la promesa es difícil de creer. Y menos cuando sus partidarios, luego de ganar mayoría total en el Congreso, se regodean con discursos autoritarios al por mayor. Lo que ratifica el voto que ya tienen, pero no atrae a los que votaron contra ese modelo en primera vuelta.

En 1990, con la irrupción de Fujimori, Perú, un país sumergido en el miedo al avance de Sendero Luminoso, con 60% de pobreza (actualmente es 24%), entró en otra fase. El gobierno reprimió duramente a las guerrillas y la izquierda, y llegó el crecimiento económico, al tiempo que se ampliaba el frente de la corrupción. Fujimori sustituyó el sistema tradicional de partidos con ideologías por un populismo de hombre fuerte que iba a las zonas de pobreza, apuntaba en una libreta las necesidades de la gente, y a los pocos días llegaba lo pedido, el arreglo del puente, la ampliación de la escuela, el material escolar, la lavadora. Una versión blanco y negro de esa lectura que nos dice que hoy la democracia no es otra cosa que un mercado de votos respaldando el mercado de bienes y servicios.

Con aquel pasado, y con los dos candidatos coincidiendo en la defensa del neoliberalismo, lo que está sobre la parrilla en segunda vuelta son las vísceras: fujimorismo versus antifujimorismo. Como decir Trump o Anti-Trump, Hillary o Anti-Hillary. Y en el caso peruano, achicar el escenario de la desigualdad, para atraer al electorado que votó izquierda. Porque si bien una gran franja del país ha aumentado su poder de consumo y está satisfecha en ese plano, se carece en gran medida de sanidad y educación. Un dato: de los casi 23 millones de ciudadanos habilitados para votar, diez millones no tienen agua potable ni alcantarillado. Y el voto es obligatorio.

La gente de Keiko decide jugar a la radicalización, y opera la mano brutal. Si en primera vuelta ella se apoyó en el caballito de batalla de la inseguridad y propuso construir cárceles a más de 4.000 metros de altura y sin acceso a teléfono para que los delincuentes no puedan seguir operando desde la prisión, en la segunda sube la apuesta y ofrece pena de muerte. Más sutil, Kuczynski promete incrementar el salario de los policías, al tiempo que se le mete en la casa a Keiko declarando que va a permitir que Alberto Fujimori cumpla el resto de su condena en arresto domiciliario, mientras ella, obligada por la corrección, dice que su papá permanecerá en prisión. Pero el fantasma de la inseguridad y la mano dura contra lo que genera miedo se perfilan jugando a favor de Keiko Sofía.

"*Creo que el nominado republicano no está capacitado para servir como presidente*", ataca Obama a Trump desde la Casa Blanca, operando como punta de lanza de la candidata Clinton. E insta a los líderes del aparato republicano a retirarle el apoyo al que señala como incapaz de ocupar el Salón Oval. Pero Trump ha puesto en evidencia, para los republicanos, que hay una gran distancia entre la élite del partido y sus bases, y él ha reconectado con esas bases, lo que constituye un capital que no hay muchos que se atrevan a poner a un lado.

Ante el ataque el magnate replica: "*Obama y Clinton han desestabilizado Oriente Medio, han entregado Irak, Libia y Siria al Estado Islámico, y han permitido que nuestra gente fuera masacrada en la embajada en Bengasi, Libia*", y acusa a la ex Secretaria de Estado de "*poner a todo el país en peligro con su servidor de correos electrónicos ilegal y sus mentiras*", no dudando en calificar "*ella es el diablo*".

Y alerta sobre la posibilidad de sufrir un fraude en las elecciones de noviembre: "*Tengo que ser honesto, será mejor que tengamos cuidado, porque esta elección va a estar amañada, si no estamos atentos nos la van a quitar*". Lo que pone nuevamente al presidente Obama ante las cámaras a dar garantías calificando las dudas de Trump como "*ridículas*" y "*sin sentido*", recordando que quienes establecen mecanismos electorales, tipo de urnas, etc., son los estados y autoridades locales, y no el Gobierno federal, quien se limita a garantizar que no puedan ser pirateadas las máquinas, y no haya procesos que irrespeten los derechos civiles.

Se puede leer la idea de Trump como la de deslegitimar una posible derrota, y por tanto la presidencia de su rival, pero también podemos recordar sus argumentos en 2012, cuando apoyando al candidato republicano Mitt Romney advirtió en Twitter que podía haber fraude: "*Todos sabemos que un ordenador puede ser hackeado. Y las máquinas de votos son esencialmente ordenadores. ¿Quién puede garantizar que no sean manipuladas?*" Trump sabe la dimensión del poder que juega a desestabilizar, y suelta la alarma por ello. Pero también porque sabe que conseguirá poner a la defensiva a Obama y el aparato Clinton, y al tiempo volverá a copar los titulares de todos los medios.

El candidato republicano sostiene la iniciativa en la cobertura mediática arriesgando fuerte. Los enfrentamientos con la dirección de su partido están a la orden del día pasada la puesta en escena de unión en la Convención de Cleveland, y particularmente tras sus declaraciones ofensivas hacia los padres del capitán Khan, muerto en la guerra de Irak, que respaldaron a Clinton en Filadelfia. Y de su declaración de no apoyar la reelección al Senado del ex candidato presidencial republicano John McCain, que luego rectificará, así como rectificará el rechazo a Paul Ryan, presidente de la Cámara de Representantes y el republicano más poderoso en Washington. Pero como resultado directo de esta sucesión de ruidos las encuestas, que después de las convenciones mostraban a los contendientes en aquella situación que los encuestadores designan "*empate técnico*", con diferencias que no eran más que la leve vibración de los días, cerrando julio abren una brecha de ocho a diez puntos a favor de Clinton. Solo que en este exótico juego que protagoniza Trump, cuando unos números parecen anunciar el comienzo del final de aquel "*efecto Teflón*" que lo sostenía a flote pese a todos sus errores, su campaña resucita en términos de recaudación: las bases que le dieron sus votos parecen enamorarse cada día más del atrevido Donald, y el hombre de Queens bate récords de recaudación de fondos provenientes de pequeños donantes de todo el país.

FINALES CABEZA A CABEZA.

Desde la presidencia que perdió por unos pocos votos Al Gore frente a George W. Bush, cual una saga de emulaciones fruto del colonialismo cultural, se han reproducido en diversos escenarios latinoamericanos finales de elección que llaman a infarto: López Obrador ante Felipe Calderón, Santos que gana con lo justo al candidato de Uribe en Colombia, Dilma que hace lo propio ante

Neves, Macri que derrota por escaso margen al candidato K en Argentina, Kuczinski que necesita hasta el último voto para asegurarse que sí, que derrotó a Fujimori, y solo respira cuando la Oficina Nacional de Procesos Electorales anuncia, casi una semana después de los comicios, que logró el 50,12% de los votos frente al 49,88% de Keiko.

Los finalistas de esas segundas vueltas tenían aparentemente todo para ganar. Pero en el camino algo, o mucho, a unos les falló. Se guiaron por el criterio de rentabilidad a corto plazo, y creyeron más en comprar que en convencer. O compraron la idea de que la emoción era todo, sin comprender lo variable que es ese concepto. ¿Emoción profunda, interior, o la telenovelera? ¿O la del abrazo de gol en los estadios? ¿O la de ay, qué lindo el doctor, tan sensible con los pobres?

Un grupo de científicos fue llamado en Alemania a analizar cómo debían patearse las penas máximas en la Eurocopa de fútbol 2016. Estudiaron más de 350 tandas de penales en torneos internacionales, y recomendaron disparar siempre al mismo lugar al que envió la pelota el que ejecutó el anterior penal, porque la probabilidad de que un arquero se arroje en dirección al lugar contrario del anterior disparo es 55% mayor que la de que lo haga en la misma dirección anterior. Trasladado a lo electoral, se traduciría en que conviene repetir lo que ya funcionó. Y por eso los estrategas de Hillary Clinton, después de una abundancia de información para cuadricular al milímetro su comunicación, optaron por simplificar y calcaron el discurso optimista que había llevado al poder al primer afroamericano en la historia del país: Esperanza, optimismo, podemos, somos los buenos, somos los mejores, nadie nos va a ganar jamás.

Quienes confían en que una elección solo se trata de enfrentar biografías, y demostrar que la de tu candidato lo habilita mejor para colocarse en ese lugar al que quiere llegar, dejan mucho por fuera. Y, fundamentalmente, dejan por fuera la fragilidad del día a día, ese que lleva al voto de izquierda a taparse la nariz y votar por un candidato neoliberal como Kuczynski, con tal de evitar que llegue lo peor. O apretársela fuerte y votar Hillary para que no gane el terrible Trump. Como cuando en Francia los socialistas votaron por Chirac para frenar a Le Pen.

Dame una causa y te daré mi voto, se afirma que es una buena consigna para trabajar, ya que eso es lo que necesita quien va a elegir: una causa. Y ahí ya no se trata tanto del "compromiso" del candidato con esa causa, sino del compromiso del elector con ella a través del voto. Como en Estados Unidos la causa de detener el atropello a las mujeres, a los inmigrantes, incluso a aquel bebé que llora, causas que se apoyarían votando contra Trump. O en Perú la causa de detener al fujimorismo, enfrentada a la de detener a la delincuencia, porque si el papá se hizo fuerte gracias al terrorismo, la hija lo hizo gracias a la delincuencia armada, y la multiplicación del miedo a ser asesinado por un celular.

En algún texto Nietszche define al hombre como el animal capaz de prometer. Esto es, de apostarle al futuro, hacer planes sobre ese tiempo por venir, y trazar mapas para llegar a convertirlos en realidad.

Son muchas las variables de promesa que se requieren para lograr la atención, la alineación, la sincronía entre candidato y sociedad. Una sociedad que ya no es de masas sino de individuos, que consumen o quieren consumir, y no pueden. Individuos que se guían por modas. Modas de vidas muy cortas, porque la esencia de la moda no es otra que esa, pasar de moda. Modas en las que la obsolescencia del método para adelgazar es tan rápida como la de la canción que de golpe repiten todas las emisoras de radio, el vestuario, las ideas, lo candidatos, y eso parecería ser la condición inevitable para que el sistema siga vivo. La irrupción de la novedad.

En medio de esa fragilidad de las cosas, después de un primer debate presidencial fatal, Kuczynski dio un giro y en el segundo atacó frontal a Keiko, al tiempo que lograba el apoyo de la izquierda, capitalizaba la marcha masiva del antifujimorismo en Lima y los escándalos de financiación oscura a la campaña de Keiko. Y aunque esta contaba con el voto firme de los pobres, que piden mano dura contra la delincuencia y recuerdan positivamente el populismo de derecha de su padre, el nuevo Presidente de Perú es PPK.

Como Kuczynski en Perú, Trump pone en escena la vieja máxima de que la mejor defensa es el ataque, adiciona aquello de que todo ataque es noticia, y de cara a su caída en las encuestas aprieta el acelerador del tema que le ha puesto en el centro de la escena, redoblando sus ataques a los inmigrantes, esa pobre gente que utilizan las empresas para bajar los ingresos de los obreros estadounidenses: "*Hay que poner fin a esta práctica de recibir cientos y cientos de refugiados que vienen de los territorios más peligrosos de la tierra*", declara en Maine. Y a continuación lo relaciona con el miedo de moda, y argumenta: "*Dejamos entrar a personas que vienen de países terroristas, y a los que no podemos controlar. No sabemos nada de ellos, podrían ser el caballo de Troya más grande de todos los tiempos*". Los que se mantienen firme junto a él en el Partido, como Rudy Giuliani, el ex alcalde de Nueva York, y el ex portavoz del Congreso Newt Gingrich, tratan de influir en que se centre en la lógica que debería imperar: atacar a Clinton, pero Donald solo parece responder a la lógica propia, la que lo colocó donde está. Y cuenta con la atención máxima de un país que consume el espectáculo increíble de esta elección, al tiempo que espera su próximo golpe a la yugular del "*diablo*", como califica Trump a su rival.

"SI QUIERES IMPONER UN CAMBIO, DESATA UNA CRISIS". MILTON FRIEDMAN

Después de salir de una densa rueda de prensa, Alan Greenspan, presidente de la Reserva Federal durante 18 años, solía decir "*Si me han comprendido es que debo haberme expresado mal*". Cantinflesco, Donald Trump improvisa todo el tiempo, cambia de opinión en un mismo discurso, no le perturba la supuesta obligación de ser coherente, juega con las tangentes, diagonales, paralelas, apoyándose en su muletilla del "*by the way…*", recordando aquello que en México se traduce como *pues fíjate que sí, pero siempre no*. Y eso se vuelve una fortaleza, porque ser impredecible mantiene desconcertados, en crisis a los otros, en tanto lo blinda a él.

En una ya remota época, todo se estructuraba alineado con una tradición que explicitaba que, sobrentendida una ideología asociada a la bandera partidaria, la imagen del candidato o candidata era el envase, y el programa de gobierno el contenido. Por eso el programa debía ser claro, concreto, realista, ajustado a las preocupaciones, problemas y anhelos del electorado, redactado de manera comprensible y pedagógica con el fin de que fuera asimilado rápidamente.

Y para saber cuáles eran las preocupaciones, problemas y anhelos de ese electorado, se hacían encuestas "*para sacar información de personas que frecuentemente no saben por qué se comportan de la manera que lo hacen*", en el decir irónico de Reginal Watts.

Entonces eran redactados unos puntos de agenda, se conceptualizaba un discurso, y se complementaba esto realzando en el candidato las cualidades que pudieran producir empatía. Pero el ajuste universal de los candidatos a lo que el mercado electoral expresaba en las encuestas, hizo que las diferencias se volvieran tan difíciles de hallar como aquella aguja del pajar. Fue el momento en que las campañas comenzaron a requerir otra temperatura.

Hija de aquel momento, la comunicación política electoral actual es intensa y emocionalmente saturada, concluye Flavia Friedenberg. Mensajes que operan temas o propuestas concretas, centrados en el logos, *issue ads*, se superponen a aquellos que operan en el ethos, el terreno de la imagen. En los primeros, con una idea por mensaje y cada mensaje recostado en las características del medio en que circula, el candidato aparece hablando en primer plano, lo que los norteamericanos llaman *talking head ads*. Y los segundos lo acercan, humanizándolo a través de su vida familiar, usando lenguaje documental o docudramas. O testimoniales de la mamá, o de gente que le conoció cuando luchaba contra los obstáculos que la vida le puso en el camino, hasta que logró con todo su esfuerzo llegar a este lugar en que está listo para servir al ciudadano, a la comunidad. Mensajes que refuerzan los positivos del candidato, al tiempo que, por contraste y cuando es posible, evocan los negativos del opositor. Allí, en este marco, se ubica el discurso del ex presidente William Clinton recordando el pasado de su esposa y candidata en la Convención Demócrata.

Pero el juego de buenas maneras aburre al elector, y por eso toda campaña necesita sorprender, introducir algún nuevo elemento que produzca excitación, y el camino más directo para eso es romper con aquella "corrección", detonar crisis al por mayor. Algo que unas veces se logra por la vía brutal, estilo Trump, y otras por la caricia inesperada aplicada sobre el áspero paisaje de la realidad.

En Italia, Ilona Staller, famosa por su etapa actriz porno con el nombre Cicciolina, lanza con esta intención el Partido del Sol, trece años después el Partido del Amor, y en 2013 somete a reingeniería el diseño y *voilá*, aparece el DNA (Democracia, Naturaleza, Amor), con propuestas como recorte drástico del gasto militar y enfoque de esos fondos a otorgar un salario mínimo a los jóvenes, respondiendo a una grave realidad: el 32,6% de quienes tienen entre 15 y 24 años carecen de oficio, según el Instituto Nacional de Estadística Italiano (ISTAT). Por el mismo canal, en la elección siguiente a la que pierde por raro margen frente a Felipe Calderón, Manuel López Obrador coquetea peligrosamente con el ridículo proponiendo a México una "*República Amorosa*", reconciliación, valores. Pero no cala, y vuelve a perder frente a la "*democracia de telenovela*" que ofrece el PRI con su candidato galán Peña Nieto haciendo campaña de la mano de su, casi diseñada para la ocasión, hermosa esposa-actriz.

Si por las buenas no ha resultado, por las malas Trump logra fuerte avance, activando crisis con ofensas, insultos, faltas de respeto, intolerancia, agravios, desconsideración, que pasan a cotizar como ingredientes claves para sostener la atención y el entusiasmo del ciudadano en general. Unos divirtiéndose, otros indignándose, muchos sorprendiéndose.

Hillary Clinton es cauta, mide todo el tiempo, es manipuladora, aburre, "*no excita ni al esposo*", como se burló su contendor aludiendo al famoso escándalo de infidelidad de Bill con Mónica en el Salón Oval. Es la candidata del statu quo, no la del cambio. En un momento de rechazo al establishment, ella propone el reformismo paso a paso, y la gente quiere platos fuertes, algo que cambie el sistema de arriba abajo, con lo que conecta Trump hablándole de frente a la clase trabajadora blanca que se siente abandonada por el partido demócrata en tiempos de profunda inseguridad económica.

Trump salió a ganar, sin importarle perder por nocaut. Rompió reglas, no midió las palabras, siempre soltó lo primero que se le ocurría, pero siempre alineado con "*lo que pensaba*", aparentemente sin evaluar las consecuencias. Y su "*incorrección política*" sedujo a grandes franjas de un electorado cansado de oír una y otra vez lo mismo. Trump surfeó permanentemente en olas de gran altura, al filo de la crisis fatal en más de una ocasión, porque calculó que podía manejarlo, y que, haciéndolo así, usando la crisis como plataforma atencional, podía ahorrar y así prescindir de las condiciones que los grandes financiadores le quisieran imponer.

La incorrección y la provocación le valieron reducir costos, ya que los medios lo cubrieron y difundieron porque él siempre es noticia, porque la gente está pendiente de "*con qué va a salirnos hoy*". Y él sabe darle las noticias premasticadas, fáciles, porque tiene presente que está ante los periodistas mal pagados de hoy, cuya tendencia es a ignorar las noticias que no comprenden. Entonces él es sencillo, claro y contundente. Tiene larga experiencia en ubicar lo que puede ser noticia, y utiliza eso para conseguir repercusión sin invertir un dólar. Lo puso en claro cuando se burló de lo que había gastado en su campaña Jeb Bush, cuando este se retiró de la carrera por la nominación republicana, diciendo que él no había gastado nada, y Bush estaba liquidado después de gastar 59 millones de dólares.

Atento a lógicas como que, si la atención de la gente está en los smartphones o las Tablet, Trump comprende que es una estupidez gastar en volantes que un muchacho mal pagado dejará por montones debajo de cada puerta, o en plegables, sombreritos, pequeños afiches y otros clásicos instrumentos de la antigua cultura electoral, y por tanto fue de cabeza a lo que le ofreciera más llegada por menos inversión. Una decisión que le conectó de forma permanente con el escándalo y la posibilidad de grave error. Pero él estaba dispuesto a pagar el precio, los "*daños colaterales*", dando por descontado que saldría ileso, porque tendría la habilidad de remontar cualquier error.

Un showman que irrumpe diciendo cosas chocantes en un espectáculo que ha sido diseñado por los Clinton, Wall Street y las grandes empresas, para consumar la boda definitiva del poder y la primera mujer presidenta de América, tiene garantizada toda la cobertura de los medios. Trump lo tiene en cuenta, y hace números, comprende que le alcanza para intentar en las primarias conseguir el ticket, para no tener que conciliar con nadie su proyecto, y se lanza al ruedo. Tiene la plata para sostenerse el tiempo que se requiere, tiene independencia, no necesita ser financiado por terceros, como les toca a sus rivales. Y ya en el juego grande, frente a la señora Clinton, se diferenciará fundamentalmente por esa independencia. Porque como dijo en algún momento ella, poniéndose como ejemplo, cuando se recibió de abogada no tenía nada, y ahora, después de cuarenta años de campañas y lobbys a favor de las decenas de empresas e intereses que la respaldan, tiene una fortuna personal de 140 millones de dólares. Ahí están sus cadenas.

UN TIEMPO DONDE NO HAY TIEMPO.

Arnold Toynbee escribió que las civilizaciones no mueren asesinadas, sino que se suicidan. Lo mismo ocurre a muchos proyectos políticos.

El futuro es incierto, y la fantasía que llamábamos "*esperanza*" se desactivó en buena parte con los líderes de doble discurso, como Obama, Cameron, Hollande... El mundo, dicho así, en general, quiere sinceridad, que le hablen con franqueza. Pero la mayoría de los candidatos políticos siguen sintonizados con el viejo escenario de la simulación. Esperando multitudes que enarbolen pancartas y monótonos grititos.

La campaña es permanente, pasa por múltiples espacios, y cuando no hay contenido ni gracia, ni autenticidad, es inevitable el desgaste. Al llegar la elección el personaje está en el aire, se ha ido desvaneciendo por repetición de presencia y falta de contenido que le renueve, y para capturar la atención debe ensayar nuevos números, ingeniosidad en el discurso, movimientos de baile, simpatía, un lado humano excepcional, dirigirse a los periodistas por el nombre.

La estrategia de comunicación electoral procura redefinir la categoría en que el candidato juega, para tener una propuesta ganadora. En este propósito debe ocuparse de agregarle valor al valor, en un escenario de creciente percepción de paridad en la oferta, ciclos de vida más cortos en las novedades, incremento del ataque a los nichos por parte de la competencia, costos de promoción en aumento y eficacia en disminución, rápida erosión de las ventajas competitivas.

Donald Trump pudo haber escogido refugiarse en el peso de su dinero en los medios, practicar hipocresía, pero contando con los recursos para hacerlo escogió hablar groseramente directo, a contrapelo de los supuestos buenos modales. Y ahí encontró su éxito político.

Hay una expresión popular que dice "*Urbanice usted un trozo de EEUU y le saldrá un bastión demócrata. Déjelo como un suburbio de casas aisladas, o como una zona rural, y será republicano*". Por eso Sarah Palin, en sus días de candidata a vicepresidente, proclamó que "*lo mejor de Estados Unidos está en los pequeños pueblos*", a los que denominaba "*la América real*".

Históricamente, el Partido Demócrata fue el de los racistas del Sur, "*antinegro*" y anticatólico, el de los agricultores empobrecidos del Oeste, el de los fundamentalistas protestantes, el de las mafias políticas que controlaban la política local en Chicago y Nueva York. El Partido Republicano es el de Lincoln, que llevó a cabo una guerra civil para acabar con la esclavitud. El de Theodore Roosevelt, que lanzó una dura política de defensa de la competencia contra los monopolios empresariales que controlaban la economía de Estados Unidos a principios del siglo pasado, evitando en ese momento que el país se convirtiera en una oligarquía.

El Republicano fue el partido de las élites intelectuales, el de los sectores dinámicos de la economía. Hasta que a mediados de los 60, impulsado por un senador de Arizona, Barry Goldwater, aquel para el que entonces hizo campaña la joven Hillary Clinton, se volvió el partido de las zonas rurales, de los racistas, de los integristas protestantes, de las industrias mineras y energéticas más tradicionales y menos innovadoras. Y los papeles se invirtieron, pasando a ser los demócratas el partido de las élites dinámicas, de Silicon Valley, de Manhattan, de la "*clase creativa*", del futuro. En tanto esto, los republicanos comenzaron a representar el atrincheramiento en el pasado, en un país donde la mitad de los ciudadanos se declaran conservadores.

Y ahí entró en juego hace ocho años la suma del carisma, el poder de seducción del primer afroamericano con opción de ganar, la impecable organización de su campaña, y el hecho de que el McCain de la campaña electoral dejó de ser el John McCain con el que se identificaba el norteamericano medio. Porque aquel *maverick* rebelde, independiente, capaz de enfrentar a su propio partido y votar con los demócratas en asuntos como la reanudación de relaciones con Vietnam, la inmigración, la tortura o los lobbies que influencian tanto la política en Washington, se había desperfilado por completo en la campaña.

Pero otra respuesta, y vuelve a conectar Trump, es porque desde hace tiempo un enorme sector de Estados Unidos está harto de la clase política y de su lenguaje calcado elección tras elección. Como en todas partes. Y el que irrumpe y sorprende, el transgresor, lleva ventaja. Una fórmula que funciona a nivel global, aun cuando se lleva a su más extremista versión. Un ejemplo: Cuatro años después del golpe militar que depuso en 2006 al popular Thaksin Shinawatra, ex policía que se convirtió en millonario con el negocio de la telefonía, y que logró el apoyo de las clases populares tailandesas con políticas sociales, particularmente de salud, así como con mano dura contra sectores criminales, sus seguidores, conocidos como "*camisas rojas*", salen a las calles. Acusan al primer ministro Abhisit Vejjajiva, de ser un títere del Ejército, y piden la celebración de elecciones anticipadas. Las manifestaciones diarias de decenas de miles recorren diversas zonas de Bangkok durante semanas. Eso es noticia porque incomoda, pero a nadie sorprende ni sobresalta. Entonces el Frente Unido para la Democracia y contra la Dictadura, plataforma cívica de los "*camisas rojas*", apela a un recurso drástico, y logra altísimo impacto con "*protestas de sangre*".

Cientos de tailandeses y tailandesas de camisa roja derraman su sangre ante el palacio gubernamental, en tanto otros lanzan la que extrajeron de sus cuerpos, contra la residencia del primer ministro, imágenes que sacuden al país, dan la vuelta al mundo, y ponen en jaque la continuidad de Vejjajiva. Jugar con fuego, teniendo claro que la posibilidad es quemarse, pero también quemar al otro. Ahí está el juego que en algunos momentos juega Donald Trump, sin llegar nunca a la sangre, y cuando llega, manteniendo a esta en un frágil equilibrio al borde del río.

CLAVES EN EL RETROVISOR.

Primer presidente afroamericano, primer hijo de extranjero en convertirse en primer mandatario, criado en parte en Indonesia, un país musulmán, Obama se presentaba como una dulce rareza para corregir los muchos errores cometidos por George W. Bush, incluida la guerra de Irak. En todos sus discursos iba al grano, impulsando cuatro o cinco ideas fácilmente conectables con los sentimientos de la nación. La primera, que la situación económica del país era desastrosa. La segunda, que la culpa era de las funestas políticas de la Administración republicana y la avaricia de las grandes empresas, los bancos, Wall Street. La tercera, que un John McCain que sólo atacaba a su candidatura sin ofrecer respuestas para la crisis que vivía el país, estaba mostrando un evidente desprecio por el pueblo americano. La cuarta, clásica, que él era un hombre del pueblo que tuvo que pagar un préstamo para estudiar en la universidad, y vio cómo su madre, con cáncer, luchaba con las aseguradoras durante sus últimos años de vida. Y la quinta, y final, que era posible construir una "*América mejor*" gracias a "*los trabajadores más productivos y talentosos del mundo*", palabras más, palabras menos, el discurso aplicado al lanzamiento de Hillary Clinton en la Convención de Filadelfia.

Reconstruyendo la confianza en sí mismos de los ciudadanos, Obama apeló a la responsabilidad de cada uno de ellos para levantar el país. Les dice que su gobierno va a invertir en educación, pero que deben ser ellos los que apaguen el televisor o el videojuego y obliguen a sus hijos a hacer las tareas. Y que son ellos los que deben ahorrar energía; y los que deben hacer sacrificios. Y la gente se entrega con entusiasmo a estas palabras, porque perciben que es sincero, que habla de frente, como sienten que ahora lo hace Trump, del que también, aunque utilice otro discurso, sienten que "*consigue hacernos creer en nosotros, en nuestras posibilidades de salir adelante*".

Mientras Obama ascendía a lomos de una campaña metódica y precisa como un clásico reloj suizo, McCain tenía que enfrentarse a la impopularidad de Bush y a la desmovilización y desmoralización general de los seguidores republicanos. Entonces llegó la crisis financiera, y *big mistake*: McCain decidió suspender su campaña y regresar a Washington, para ver en el Congreso qué se podía hacer. Fue un auténtico descalabro. La presencia de McCain hizo del debate en el Capitolio un lodazal, alentó a los radicales, que votaron contra el plan de rescate de Wall Street, y grabó sobre el candidato republicano la imagen de político imprevisible, carente de la templanza y el buen juicio que se requiere para hacer frente a una crisis. El efecto sobre Obama fue exactamente el contrario.

Cuentan los historiadores que antes de escoger a sus ministros, y sobre todo a sus generales, Napoleón siempre averiguaba si éstos eran "*hombres de suerte*". Ahí hay una clave del presidente número 44. Reconociéndole todos sus méritos, la ascensión meteórica de Obama también se relacionó con su buena estrella. En 2004, y a pesar de ser totalmente desconocido en la escena nacional, el equipo de campaña de John Kerry le escogió para que hiciera uno de los discursos más importantes de la Convención Demócrata. Obama supo aprovechar la oportunidad, e hizo un discurso vibrante y emotivo que lo colocó en primera línea para la próxima carrera por la Casa Blanca.

Y en la elección 2008, justo cuando McCain lideraba por primera vez las encuestas, llegó la crisis financiera y en otra burrada colosal, dos horas antes de que se hundiera Wall Street, el candidato republicano dijo que "*los fundamentos de la economía son sólidos*". Ni el mejor de los asesores de Obama podría haber diseñado algo mejor.

EL PITBULL CON LÁPIZ DE LABIOS QUE LLEGÓ DE ALASKA.

En general el nombramiento del candidato a la vicepresidencia no es más que una noticia menor. Así ha ocurrido con Mike Pence por parte de Trump, tanto como con el senador Tim Kaine por parte de su rival. Pero McCain sorprendió nombrando compañera de fórmula a la escasamente conocida gobernadora de Alaska, una mujer de 44 años que antes de la gobernación había sido alcaldesa en un pueblo de 7.000 habitantes. A poco de escogida Palin encendió a los republicanos con su discurso en la Convención, ridiculizando los antecedentes de Obama. Poco después se autodenominó "*un pitbull con lápiz de labios*" y confrontando áspera a la candidatura rival desde un feminismo seductor, familiar, conservador, populista, militante de Dios, pareció que se iba a comer viva a la desconcertada campaña demócrata.

Poniendo por delante su situación de mujer de lenguaje sencillo, con problemas como tantas familias norteamericanas, un hijo con síndrome de Down, una hija adolescente embarazada, otro hijo en la guerra de Irak, a Palin no le era difícil conquistar los corazones de los pequeños pueblos norteamericanos. Se formaban colas de horas para asistir a sus actos, porque la gente la sentía "*como nosotros*", "*diferente a todos los políticos*", se veía representada en ella y, faltando ocho semanas para la elección, el empate era un pantano para Obama, 47% de la intención de voto, McCain 46%.

Y ahí comenzó Sarah Palin a montar su agenda propia, a decir barbaridades, a desentenderse del guión, a zafar de cualquier control. Y se convirtió en el iceberg que no imaginaba en su vida McCain.

Pero los males suelen llegar en serie. El 18 de septiembre de 2008 se hundió Lehman Brothers y fue nacionalizada AIG, la mayor empresa aseguradora del mundo. También cesaron el crédito interbancario y, por carácter transitivo, el flujo crediticio a la economía real. Estados Unidos, de la mano del presidente republicano George W. Bush, se sumergió en la recesión. En medio del huracán, con bancos y enormes empresas a punto de quebrar, la campaña demócrata machacó la mediocridad que exhibía su rival: "*McCain está muy preocupado con perder estas elecciones, yo estoy preocupado por la economía. Nos enfrentamos a una emergencia económica que requiere medidas urgentes*", dijo Obama al presentar lo que llamó un "*plan de rescate para la clase media*".

Comenzando agosto de 2016 se dieron a conocer los raquíticos números de la economía estadounidense, mucho más raquíticos de lo que se esperaban. Donald Trump pudo haber calcado la fórmula que aplicó Obama. O repetir aquella cuchillada de Bill Clinton a Bush padre: "*Es la economía, estúpida*", en este caso. Pero, para desesperación de los políticos republicanos de oficio, siguió cazando peleas con la dirigencia del partido del que había conquistado la candidatura, tensando relaciones, al punto que algunos del más alto nivel comenzaron a especular sobre la posibilidad de hacerle renunciar a la candidatura, o de obligarle a ajustarse a un discurso convencional, manejado por ellos.

A una semana de la votación 2008 Barack Obama tenía todo controlado. Le preguntan por sus películas favoritas y enumera Casablanca, El padrino y Lawrence de Arabia, convencional absoluto, no iba a arriesgarse a cometer un error escogiendo algo que pudiera prestarse para desacuerdos con algún sector del electorado. Cada detalle bajo control. En tanto, McCain metía la pata al por mayor, y ante los errores consumados trataba de improvisar, sin guion para enfrentar las emergencias, llegando a confesar suicida en medio de la crisis financiera que la economía no era su fuerte.

Seis días antes de la elección, un infomercial de 30 minutos, transmitido en hora pico por tres canales de televisión nacional, visto por 26 millones de personas, consolidó la ventaja demócrata. Obama de pie, en una oficina muy parecida a la que la gente conoce como el Salón Oval de la Casa Blanca, con una bandera estadounidense detrás, le habló al país como si ya fuera presidente. Con voz pausada, calma, reflexionó sobre cómo en los ocho años del gobierno Bush se derrumbó la clase media y el "*sueño americano*" se transformó en una pesadilla. Y entonces explicó lo que iba a hacer para que los estadounidenses pudieran volver a tener una casa y un auto, atención médica y educación.

El infomercial incluía la historia de cuatro familias de distintos estados claves en la elección, familias que narraban la manera en que perdieron sus seguros médicos, cómo ahora necesitaban tener dos empleos para poder sobrevivir, y pese a eso la situación desesperada en la que se encontraban, usando cupones del Estado para poder comprar comida. Y entonces Obama evocó la preocupación de su madre cuando teniendo cáncer de ovario no sabía si el seguro médico de su nuevo empleo le cubriría los gastos. Y utilizó también el espacio para recordar sus orígenes, su abuelo que peleó en el ejército del general George Patton, su abuela, que trabajaba en una fábrica de bombas durante la Segunda Guerra Mundial. "*No seré un presidente perfecto*", afirmó Obama con creíble humildad, potente elemento seductor, y prometió que lo que sí sería era alguien que escucharía a la opinión pública y que volvería a abrir las puertas del gobierno e invitaría a los ciudadanos a formar parte del mismo.

Perdida, la campaña McCain reaccionó con un comunicado advirtiendo a los votantes: "*Quien alguna vez haya comprado algo por una publicidad en televisión, sabe que el anuncio es siempre mejor que el producto*". Pero a esta altura Obama había decidido jugar otra carta fuerte, y una hora después de la salida del infomercial aparecía, por primera vez, acompañado en su campaña por el ex presidente Bill Clinton, que en la precampaña por la nominación demócrata le había atacado con dureza. Ocurrió en Orlando, Florida, y una ovación atronadora recibió al dúo cuando fueron presentados como el presidente número 42 y el próximo presidente.

Buscando el milagro de un error a última hora, la campaña McCain presionó acusando a Obama de socialista marxista, de querer quitarle el dinero a los ricos para dárselo a los pobres, de no ser ciudadano estadounidense, de haber tenido relaciones conspirativas con un antiguo militante de izquierda radical de los años 69 en Chicago. Utilizó llamadas automáticas en al menos diez estados clave para la definición de las elecciones, alertando sobre la vinculación de Barack Obama con Bill Ayers, el ex miembro de Weather Underground: "*Hola, estoy llamando en representación de John McCain y del Comité Nacional Republicano porque usted debe saber que Barack Obama ha trabajado estrechamente con el terrorista Bill Ayers, cuya organización bombardeó el Capitolio de Estados Unidos, el Pentágono, la casa de un juez y mató a estadounidenses*".

Los gritos de "*terrorista*" o "*comunista*" proferidos contra Obama, así como las peticiones de "*acabar con él*", "*darle fuerte*" o "*impedir que sea presidente*", se volvieron paisaje en los mítines de McCain, sin que ni él ni su compañera de fórmula hicieran nada por impedirlo ni desautorizaran a quienes los pronunciaban. La cadena de televisión Fox propagó diariamente nuevos señalamientos, presentando al candidato demócrata como un peligro grave, y The Wall Street Journal pretendió contribuir con leña al fuego informando que un asesor de Obama para las relaciones con la comunidad musulmana participó en una reunión con grupos islámicos, entre los que estaba uno que la Administración vincula con Hamás.

Pero la clave para comprender este escenario de película de acción, es que la política en Estados Unidos, como en casi todos los países en la actualidad, es puro espectáculo, show. Y el juego "sucio" es una tradición de ese espectáculo, coherente con un país cuya gran pasión es ese deporte violento que culmina sus campeonatos en el Super Bowl. Y eso no es novedad, viene desde los días de los "*padres fundadores*": en la campaña presidencial del año 1800, Thomas Jefferson extendió el rumor de que su contrincante, John Adams, quería atacar Francia, además de acusarle de "*hermafrodita*", porque, según decía, "*carecía de la fuerza y la firmeza de un hombre, tanto como de la sensibilidad de una mujer*". Por su parte Adams, que perdió la contienda, acusó a Jefferson de descender de indios y mulatos.

Apuntes de clases dictadas en la Universidad Externado de Colombia. Bogotá, 2016.

2. DISEÑO, CONSTRUCCIÓN Y GESTIÓN DEL ESPECTÁCULO.

Toda estrategia electoral es una estrategia de seducción, entendida esta, en términos Wikipedia, como "*la acción enfocada a persuadir a alguien con el fin de modificar su opinión o hacerle adoptar un determinado comportamiento, alineado con la voluntad de quien seduce*". Enmarcando la estrategia en aquella teoría de los juegos que propusieron Von Neumann y Morgenstern, podemos agregar aquí que estamos ante un juego estratégico en sintonía con aquellos maestros chinos que hablaban de la mezcla de cálculo y astucia como determinantes del logro en todo conflicto de fuerzas.

Como nos ilustra Sun Tzu, "*Todo el arte de la guerra está basado en el engaño*", concepto que podemos traducir como la puesta en escena de una danza de simulaciones en la que la apariencia envuelve a la intención, escondiéndola. La heterodoxia y la sorpresa son los dos grandes principios estratégicos que ofrece Sun, viendo la estrategia como el despliegue de la inteligencia, al contrario del posterior concepto griego, que la ubicaba en el manejo de la fuerza, manejo que el mariscal von Moltke tradujo como la "*administración de recursos*".

El efecto sorpresa, del que hablaba el sabio chino, se relacionaba con la habilidad para escoger actuar en el momento, lugar y forma que menos esperan de nosotros. Y es en ese despliegue sorprendente con que se ha diseñado e implementado la estrategia, donde está su atractivo como espectáculo y su potencial para involucrar al elector, movilizándolo en dirección a sumar votos.

Hablamos aquí de espectáculo recogiendo su definición como "*diversión pública*" que hace la Real Academia, esto es diversión "*capaz de atraer la atención y mover el ánimo infundiéndole deleite, asombro, dolor u otros afectos más o menos vivos y nobles*", según complementa Wikipedia.

La seducción política electoral como espectáculo tiene éxito cuando además de partir de racionalidades, esto es investigaciones y cálculos sobre la conveniencia de un movimiento en el contexto, se ha contado con cierta capacidad intuitiva de poner en juego estímulos emocionales inéditos. Lo que significa que estamos ante un campo en el que el rigor de la ingeniería, la pretensión de causa-efecto perfecto, solo funciona en todo su esplendor cuando armoniza con frentes de conducta impredecible.

El espectáculo político electoral exitoso se comporta como una partida amplificada de Go, ese juego de intuición y experimentación con que entrenaban los estrategas militares japoneses, instalando fichas sobre un tablero de 19 x 19 líneas perpendiculares: allí, como en la seducción, lo que triunfa es la capacidad de envolver, cercar con la inteligencia al adversario que no se quiere ajustar a nuestro deseo, hasta que ceda su voluntad resolviéndose así la tensión entre deseo, posibilidades, precio, riesgo.

Como queremos tener control sobre el curso de la seducción en juego, todo espectáculo político electoral trabaja con ese margen de certeza con que lo hace quien pone en escena los movimientos concatenados que implica la elección de una apertura en ajedrez. Y se estructura sobre el conocimiento de que, en la seducción, más que exhibir se trata de ocultar. O, dicho de otra forma, de discreción. Esto es, de haber comprendido el sentido de aquella práctica Zen que se refiere a disminuir la propia luz, el propio brillo, para moverse en armonía con los demás.

Cuando se despliega ante un país, sea a través de las noticias que la reflejan o de la publicidad que presiona en puntos particulares de la agenda pública, la comunicación política electoral no es registrada como tal sino como un espectáculo en competencia con toda la gama de espectáculos que se ofrecen. Y para ganar la atención de la gente, y sostenerla, el elemento clave que aproxima al éxito no es otro que la capacidad de seducir que tenga esa comunicación. Porque los espectadores-electores solo escogen nuestra propuesta cuando somos capaces de ponerlos en contacto con algo que supere su aversión, casi desprecio, hacia políticos y política. Pero para poder cumplir su cometido en el proceso, ese algo necesita antes entrar en contacto.

La política, que en una época de democracias potentes fue la mayor atracción en la sociedad, hoy está lejos de serlo. Salvo cuando logramos despertar los sentimientos, alborotar pasiones, contagiar actitudes, poner en movimiento emociones que inviten a protagonizar batallas al encuentro de nuevos sueños. A excepción de esa posibilidad, no hay duda de que, por ejemplo, el espectáculo de la bola que corre en busca del gol en cualquier liga de fútbol, por más efímero que sea, generará mayor pasión que la repetida repetición de promesas y relatos con que el político pretende conmovernos.

OÉ OÉ OÉ, OÉ OÉ…

Un buen ejemplo de espectáculo con el cual podemos comparar nuestro tema es el fútbol, que domina enormes audiencias por su capacidad de seducir de lunes a domingo con su siempre renovado tema, convocando a estadios y pantallas, generando altos ratings para programas de opinión o chismes, y también millones de lectores para periódicos y revistas. Un show que sostiene el interés de la gente semana tras semana, conectándola con pasiones, necesidad de identidad, deseos de gloria, en tanto la política solo sostiene el interés bajo la forma de escándalo, denuncias de corrupción, peleas, contribuyendo, episodio por episodio, a incrementar el rechazo.

El fútbol, como espectáculo, seduce porque trabaja permanentemente planificando, renovando su plantel de jugadores, escogiendo los mejores técnicos, agentes de prensa, diseñadores de *merchandising*, siempre en función de mantener seducidas a sus audiencias. En la política, en cambio, se improvisa todo el tiempo, no se tiene claridad de la necesidad de sostener esa relación con la gente en forma permanente. Y la consecuencia es que pocas veces el desempeño de la comunicación política es bueno y, por consiguiente, no hay pasión que se despierte ni se sostenga. Y hablamos aquí de esa pasión que despierta naturalmente cuando, siguiendo con el ejemplo del fútbol, un club escogió bien a su equipo y luego permite trabajar y decidir a estrategas, entrenadores, gerentes, potenciando con sus contribuciones el ámbito mayor, que es el espectáculo del desempeño del jugador en el campo de juego.

Cuando se escoge mal en fútbol, el resultado son malos equipos, aunque tengan jugadores buenos. Y cuando hay malos equipos la gente deja de ir a los estadios, no enciende las pantallas, no habla de fútbol, se vuelve apática, se aburre, se aleja. Y eso mismo es lo que ocurre con la política cuando no hay un buen equipo que funcione con la eficiencia necesaria para permitir a un buen candidato convertirse en una emoción que se comparte, que es exactamente eso que en términos de espectáculo se reconoce como "*una estrella*".

Lo primero para seducir eficientemente, es estudiar a ese público cuya sintonía pretendemos. No solo leer las conclusiones de investigaciones de rutina, o lo que opinan grupos de gente cautiva en sesiones de foco sobre temas. Es ir más allá, observar desde la psicología, la antropología, los que predicen tendencias de conducta latentes. Y luego enfocar las cosas desde ángulos nuevos, inéditos, incorporando "creatividad" estratégica a las relaciones y los temas.

A grandes rasgos, el público objetivo es el ciudadano que sale temprano de casa para cumplir con un trabajo que no es para el que estudió, para el que se preparó; que soportará horas en el trancón de ida y más horas en el de vuelta, y que llegará a su casa a la noche agotado, saboreando el fracaso de saber que lo que gana no le basta para llegar al final de la quincena o el mes. Es ese público integrado por multitudes que después de estudiar no consiguieron un empleo y como salida se convirtieron en microempresarios, luchan en medio de una economía acaparada por las grandes empresas, y sienten que lo que logran no les sirve de mucho en una realidad fiscal que le acorrala con impuestos.

Y viven con una profunda sensación de impotencia ante una burocracia en aumento que les hace ocupar gran parte de su tiempo en relaciones estériles. Trámites cuyo sentido sienten que no va más allá de sostener a esa burocracia a la que ven como la cuota del clientelismo político y cada día, en su fuero íntimo, toleran menos.

Nuestro público es la madre que se resigna a vivir una vida que no desea, que atiende a sus hijos, que organiza su casa, que se siente condenada mientras sale diariamente en busca de promociones y ofertas que le permitan sostener a su familia con lo poco que tiene. Es el pensionado que sabe que lo que hoy come será lo que mañana y pasado no podrá comer, porque lo que recibe no es más que una burla a los recortes de sus sueldos que toda la vida aportó.

Esas realidades, esos sentimientos definen el territorio en que se mueve la película con su espectáculo pretendidamente seductor. Allí están tanto los que vemos como el "voto duro", como los indecisos, los "*no saben, no responden*" de cada encuesta. A esta gente que vive esas realidades y sentimientos es a la que cada candidato debe seducir, motivar, convencer, sintonizar con su enfoque sobre cómo debe ser la gestión de gobierno para que todos vivamos mejor, por sobre lo que hoy tenemos. Y esa gente no cree en la política. Porque no cree en los políticos, ni en los partidos, ni en las promesas.

A falta de propuestas potentes, para capturar el interés del público-elector se apela a la violencia hecha de denuncias, de dedos señalando defectos, la historia que compromete, el escándalo como herramienta: Donald Trump es el mejor ejemplo. Y al hacerlo se juega con fuego, porque es difícil prever el curso de ese tipo de espectáculo que se ofrece, controlando el momento, la oportunidad para que no se reverse el efecto.

Como el "juego fuerte" o sucio en el fútbol, donde la rudeza peca fácilmente de exceso, el espectáculo violento siempre corre el riesgo de alejar a la gente. En el fútbol tanto como en la política. En tanto que el juego bello, interesante, que propone, que alegra, que entusiasma, ese donde brilla la inteligencia, donde fluyen las ideas y el conjunto engarza la habilidad de la estrella como un ballet de precisión, lleva multitudes a los estadios. Y a las urnas.

Los ingredientes de las iniciativas duras puede que sean correctos, pero hay que ser muy precisos al determinar el momento y la forma como se los pone en juego. Para detonar lo que queremos debemos conectar la mezcla correcta, utilizando sin excesos el arsenal de argumentos con que contemos, para anular al adversario en sus líneas defensivas y superarlo en sus posibilidades ofensivas. Y aquí no hay fórmulas precisas: lo único que nos acerca a la corrección en las decisiones es la capacidad, el conocimiento, el oficio, el kilometraje de los miembros del equipo con que se cuente.

Un ejemplo de mezcla correcta de excelentes ingredientes fue aquella de la campaña demócrata con la pregunta sobre quién responderá el teléfono en la Casa Blanca, cuando anunciando lo más grave suene a las 3 a. m., cuyo impacto potenció un clon del spot, protagonizado por los Simpsons. Si el primero había impactado con su carga dramática, el segundo le sumaba un demoledor golpe de humor a Trump. Otro ejemplo, el mensaje mostrando diferentes niños viendo en televisión al candidato republicano y sus mensajes agresivos, para comentar en créditos sobre fondo negro: *Our childen are watching, What example will we set for them?*, qué ejemplo les estamos enviando a esos niños. Y entonces dar paso a una serena Hillary Clinton, siempre bajo la mirada atenta de los niños sobre ella en la pantalla de los televisores, para cerrar con la consigna: *Stronger Together*. Lo cual, en un mensaje particular de la campaña, reflejando la vida familiar, los sueños, los proyectos de las minorías de inmigrantes que trabajan y viven en Estados Unidos, concluye en boca de una dulce, femenina, sensible Hillary Diane pronunciando una frase publicitaria clásica: "*Cuando la familia es fuerte, América es fuerte*".

La imagen física de la señora Clinton fue objeto en 2016, de una cuidadosa arquitectura. Asumido el error cometido en la campaña 2008 cuando enfrentó por la candidatura demócrata a Barack Obama y la decisión fue que si se mostraba femenina no comunicaría la dureza que se asociaba con el puesto de Presidente, y por tanto se la presentó agresiva, dominante, resaltando cierta tendencia a lo machona en su personalidad, *testoteronizada*, ahora se le dio un giro filo light. Se contrató a una exdirectiva de la cosmética L´Oreal, Kristina Schake, renombrada asesora en imagen que venía de atender a Michelle Obama, poniéndole como objetivo hacer de Hillary eso, "Hillary", una mujer cercana, accesible a la gente, humana. Una mujer creíble cuando aparece protagonizando mensajes de televisión que reflejan el cliché del ideal familiar clase media "americana", tipo los de la campaña de Ronald Reagan. O en su página de Facebook comprando un burrito con guacamole, una mujer sencilla, de la vida cotidiana: énfasis Hillary, no Clinton.

VELOCIDADES DE VIDEOJUEGO.

Lo primero en todo planteo es el marco, determinado por la vertiginosa sucesión de peligros nuevos que trae la información creciente y los espectáculos que con ella construyen operadores diversos. Algo que cada día se mueve en rangos de velocidad para los que no estamos preparados. Lo que significa que estamos expuestos a un incremento constante de fricción y con ello de la posibilidad de error en todo momento.

Solo si somos capaces de actuar a velocidad de videojuego podremos apoderarnos de la atención que necesitamos para nuestro proyecto y, mientras la retenemos, dominar la escena. Y así hacer renacer ese instrumento de reivindicación y cambio que es la política.

Cuando se cuenta con una estrella empática con el ciudadano de la calle, obviamente se facilita la seducción que puede ejercer el conjunto del espectáculo. Porque esa estrella se convierte en sí misma en un detonador que cambia percepciones, que despierta simpatías, que transforma la manera convencional con que nos vemos a nosotros mismos y a los otros, al mundo. Y por eso seduce, generando titulares mientras sus palabras se vuelven virales. Es el caso de Obama en su primer momento, o el uruguayo José Mujica contagiando naturalmente esa lógica impecable del que entra a un banco gritando "*Que nadie se mueva, el dinero no es de ustedes, su vida en cambio les pertenece*".

El espectáculo de la seducción política electoral funciona cuando es fresco, naturalmente transgresor. Cuando contiene esa magia que sorprende por sí misma tanto como porque aparece cuando menos se espera que aparezca. Y ahí es donde ha ganado muchos rounds Trump. Pero no funciona cuando apesta a montaje, falsedad. Como cuando se pretende imponer como una operación de mercadeo. Y aquí encajan tanto algunos mensajes de Hillary y su propuesta optimista en un país que tiene muchos más motivos para el pesimismo que para la esperanza, como la filosofía "*happy*" que en 2019 puso en escena el político japonés Ryuho Okawa repartiendo caretas de su propio rostro feliz y promoviendo a su "*Partido de la Realización de la Felicidad*". Los "*happies*" eran aquí el brazo político de la religión *shinshukyo Happy Science*, que desde 1986 opera decenas de templos en Japón, Estados Unidos, Gran Bretaña, Alemania y Canadá como una corporación dueña de la imagen de marca "*felicidad*", cuya promoción está a cargo de Dentsu, la mayor agencia de publicidad japonesa.

La seducción política, cuando cala, no es una fórmula, es amor mezclado con esa pasión que detona el deseo de sexo, porque únicamente lo que desestabiliza profundamente es lo que atrae. Y eso no es algo que se logre solo con comunicación por arriba y por abajo, estrategias bien planeadas, eventos, acciones en la calle. Si bien todo eso es muy importante, se logra entregándose, como se entregó Donald Trump en su campaña.

EL MIEDO QUE SUBE DESDE LOS BOLSILLOS.

Con la crisis, el miedo le sube a la gente desde los bolsillos, y entonces los vaticinadores de verdades dicen que no es tiempo de riesgos, ni de plantear utopías. Pero cuando no hay mucho más que perder porque ya casi todo está perdido, la gente necesita ilusión, o la verdad de algo nuevo. Así es como Syriza se abrió paso arrasando las posiciones de los partidos y los políticos "*viejos*" y, transgrediendo la corrección política del sometimiento a la deuda heredada de los anteriores gobiernos, ganó el apoyo de las mayorías proponiendo el principio del fin de la austeridad, del sufrimiento por decreto en Grecia, con un discurso que dice: "*Se trata de reinvertir en la dignidad del ciudadano, de recuperar la ilusión de los miles de niños que deben estudiar con velas porque en su casa no hay con qué pagar la electricidad*", en palabras de Alexis Tsipras, su líder. Seducción pura, soñadora, dura.

Y lo mismo ocurre en España cuando los Indignados de un momento decantan la bronca y comprenden que si hay voluntad común se puede hacer política de otra manera, y surge Podemos. En 2011 miles de personas se tomaron la madrileña Sol gritando "*¡No nos representan!*", como en Argentina 2001 habían gritado "*¡Que se vayan todos!*" los políticos de esta tierra. Convocados de forma espontánea desde el malestar, utilizando SMS y redes sociales a partir de la horizontalidad de la plataforma "*Democracia real ya*", y en medio de una realidad donde el 43% de los jóvenes no tenían ningún empleo a la vista, y una campaña electoral que solo generaba apatía, un grupo despertó a cientos de miles con un seductor mensaje de indignación: "*No somos mercancía en manos de banqueros y políticos*".

De aquella indignación surgió Podemos, una suerte de "partido político de nueva generación" que sedujo a los que no creían en la política, y con su éxito en las elecciones europeas de mayo 2014 tomó por sorpresa a los escépticos. Y luego consiguió sostenerse en la percepción de la gente como un partido con ideas nuevas, simpático, excitante, sexy.

Observemos las claves del espectáculo político conque irrumpió Podemos. El equipo, encabezado por Pablo Iglesias, triunfó en la televisión primero, con el programa de opinión La Tuerka, se volvió famoso en los círculos de gente "inquieta", y de ahí se proyectó a la protesta abierta y a la organización política, utilizando como fórmula un discurso diferente, irreverente, ameno. Seductor en extremo. Y así, en la onda del Partido Pirata sueco, logró en su primera participación como opción electoral, cinco escaños en el Parlamento Europeo. Y siguió adelante, creciendo, quitándole el sueño a las vacas sagradas del Partido Popular, el PSOE, etc.

Tecnología, redes sociales, indignación participante fueron las claves del invento que rápidamente se convirtió en la formación política española con mayor apoyo en redes, superando holgadamente el desempeño del PSOE y el PP en Twitter, y aplastando el de ambos en Facebook. La invitación al debate mediante la difusión de mensajes en estas redes se manejó en sincronía cuidada con las apariciones de los portavoces en actos o medios, y con amplio despliegue de herramientas de participación en tiempo real conectando a seguidores y líderes de una forma que no ha logrado ningún otro partido en España. Y la aplicación móvil de voto Appgree les permitió, en tiempo real, determinar con criterios de selección semántica y estadística, el peso de miles de opiniones y propuestas que aparecían en las asambleas online sobre los temas, determinando popularidad, interacción, redundancia de esos temas.

La tecnología del programa de software libre Agora Voting, que procesa y valida de una forma sencilla y altamente segura mediante un sistema de cifrado de cada voto, sostuvo una plataforma que permitió dinamizar la participación. En una de las asambleas, entre quince mil propuestas 260.000 votantes seleccionaron 49 preguntas de las bases como prioritarias para el debate. Y el voto online de decenas de miles fue el que escogió al equipo directivo, al tiempo que el entorno en red "*Plaza Podemos*", canal de adición e interacción entre usuarios Redditt, pasó a funcionar como central de convivencia de propuestas, críticas, documentos e información sobre las votaciones de la estructura orgánica. Lo más cercano a un ejercicio permanente de democracia directa.

Podemos se preparó, trabajó minuciosamente su capacidad de comunicación, aprendió a ser audaz con precisión, tanto como a utilizar palabras diferentes y un lenguaje y tono nuevos para hablar de lo que la gente piensa y no de lo que un estudio dice que es lo que la gente quiere oír, como la mayoría hace convencionalmente. Pero, además, Podemos supo hablar con sencillez, emotivamente, y cuando lo hizo en su primera época sus representantes suenan sinceros.

Sin contar con sedes físicas ni líderes incuestionables, salvo Iglesias, el entusiasmo masivo que generó Podemos hizo que sus grupos, que se reúnen en plazas, parques, cafeterías o polideportivos, pasaran de cuatrocientos a más de mil en solamente seis meses. Reuniones que, como si se tratara de una asamblea religiosa, comienzan con testimonios de participantes dando sus razones para apoyar a Podemos, razones que la mayoría de las veces tienen que ver con el no sentirse representados por los políticos de los partidos tradicionales, esos que se sienten tan aburridos y se tachan de "*viejos*".

¿Por qué no puedo gestionar lo público en vez de quedarme de espectador de los políticos que se adueñaron de eso?, es lo que Podemos logró que se pregunte la gente que antes se limitaba a rechazar la política. Con esa pregunta, y con la simple y contundente afirmación de que "*Podemos es la gente que se siente de Podemos*", en menos de un año, a partir de su lanzamiento en enero de 2014, la agrupación se convirtió en la tercera fuerza política de España desplazando a Izquierda Unida, con la que luego se unió, y peleando los primeros lugares al PSOE y al PP.

En muchos frentes el fenómeno Podemos se emparenta con la campaña demócrata 2008, la de la gran movilización joven que cumplió un importante rol en la llegada de Obama al poder, y que heredó Hillary Clinton. Y utilizada como escenario para comparar, permite comprender déficits en la concepción de la campaña de Donald Trump, vertical en el mensaje, hostil a la participación diferente al voto, basada en un solo hombre al frente de un show.

Lanzada su intención de llegar a la Casa Blanca, Hillary Clinton envió a todos los estados y territorios con voto, decenas de especialistas en reclutar y entrenar voluntarios, para construir una red de base que inscribiera votantes, hiciera tareas, y en general difundiera y coordinara objetivos de su campaña. En esa estrategia de infantería hubo una sensible debilidad de la estructura de Trump.

LA DELICADA CONSTRUCCIÓN DEL ABRAZO DE GOL.

Pasada la larga etapa del dominio de la atención por los rituales religiosos, los de las monarquías, los instaurados por "*la Revolución*" en sus diferentes sintonías, los grandes espectáculos de las últimas décadas, dejando a un lado el sexo, no son otros que la política y el deporte, con su poesía y su violencia. Territorios donde se enfrentan organizaciones, estrategias, liderazgos, pasión, posibilidad de realización. Y que comparten la particularidad de que, en las instancias donde se sale a arriesgar, lo que define el resultado tiende a ser el error, más que el acierto. Y el error debilita el gesto, la potencia seductora de quien lo comete, porque deja detrás de nosotros una estela, un eco, una cicatriz que no cierra.

Quien menos errores comete en una campaña electoral, es quien gana. Por eso, en general, la experiencia es que es clave evitarlos. Lo que significa medir muy bien los momentos, los sitios, las atmósferas propicias para dar un paso, para generar un gesto político, para intentar seducir con un elemento nuevo.

Evitar cometer errores es un duro ejercicio de atención. De estar constantemente presentes, profundamente conscientes de lo que estamos viviendo. En otras palabras, es saber ampliar la mente para poder achicar espacios y evitar en ellos toda posibilidad de distracción, es decir, de error, que es su consecuencia directa. Es saber acotar agendas, controlar territorios físicos o mentales, y a partir de ahí ganar gestionando espacios y tiempos.

Lo anterior conduce a pensar que la campaña de Donald Trump llegó a donde llegó porque tuvo un blindaje excepcional frente al error. O a observar que, quizás, buena parte de aquello que se interpretó como error, respondía a una premeditación. Se gana evitando cometer errores, al tiempo que provocándolos en el otro, y puede ser que sobre esta base se haya movido Trump. Por ejemplo, para lograr con estos errores una excepcional presencia constante en el aire de los medios, incluso muchas veces pagada o impulsada por la campaña de su rival, que para atacarle utilizó esos errores dándole una enorme tajada de presencia en los mensajes de Clinton.

Lo anterior tiene gran importancia: múltiples estudios definen al ciudadano actual como alguien que no retiene información, particularmente textual, que es donde más reprodujeron los medios a Trump. El espectador de la información retiene la presencia, la actitud corporal, la sensación de liderazgo que emite el personaje, y hacia allí trabajaba Donald Trump.

Gana quien tiene habilidad para reconocer oportunidades y capitalizarlas. Pero, fundamentalmente, gana quien tiene la capacidad de tender redes y desde ellas seducir, crear una "magia" que atraiga, que logre consolidar a quienes ya están con nosotros, al tiempo que atraer a quienes no manifiestan aún interés en nuestra propuesta. Y volverlos tan incondicionales como para que nos aporten su movilización por nuestros argumentos y liderazgo y, como consecuencia final de ello, su voto.

Así como todo partido de fútbol comienza a jugarse antes de entrar los jugadores al terreno, toda campaña electoral es un ejercicio largo, hecho de debates, decisiones, ensayos, confrontaciones de prueba y sincronización de elementos para obligar al rival a moverse en la zona de peligro conceptual más apropiada para nuestros movimientos.

Pero para que nuestros competidores se enganchen con nuestro propósito, y eso les conduzca a hacer aquello para los que no están preparados, lo primero que necesitamos es abrir nuestra mente para leer lo que no se está leyendo en el contexto. Porque al lograr ver más de lo que los demás están viendo, podremos afilar el mensaje, ampliar sus horizontes, y fundamentalmente ser precisos en el gesto, la iniciativa, la puesta en escena, la actitud, la agenda. Y eso hizo Trump en las elecciones primarias, cuando comprendió el abismo existente entre los dirigentes republicanos y la gente de la base que votaba. Y supo ver completo el terreno de juego, y escoger el lugar desde el que podía hacer sus goles.

Abrir la cancha es también abrir la visión para poder ver dónde están los huecos por los que puedo debilitar la acción del rival. Es saber comprender que en el espectáculo de la seducción política electoral no gana el que más pone sobre la parrilla, sino aquel cuya campaña, por ejemplo, sabe renunciar al control del escenario completo en ciertos momentos, para presionar al otro bando en un terreno particular, una coyuntura, un fragmento.

EL RAYADO DE LA CANCHA Y LA INSERCIÓN DE UN NUEVO DESCONTENTO.

Investigo, analizo el contexto, hago microtargeting, identifico dónde están mis reales votantes. Evalúo, decido, tengo un método, un candidato, recursos, maquinaria o infraestructura política, una bien estudiada agenda de temas, un equipo de campaña, una estrategia. Y, además, me he preparado para controlar daños impredecibles, para gestionar crisis probables e improbables. Entonces ejecuto, y luego mido. Así trabajó la campaña de Hillary Clinton.

Pero "*la magia*" ocurre cuando se cambia el enfoque de lo convencional, lo "correcto", hacia lo inesperado, lo que desestabiliza, lo que sorprende. Y eso se presenta cuando dejamos de utilizar las investigaciones como un cinturón de seguridad que nos vuelva predecibles, "correctos", permitiéndonos arriesgar y movernos con nuevas ideas. Ahí insertó su juego Donald Trump.

Cambiar el foco es sorprender. Y sorprender es despertar el interés, despertando la Inquietud de lo nuevo. Exactamente ese es el punto. Seducir significa despertar una inquietud. Es ese proceso que detona capturando la atención, y luego la incrementa, dosifica la tensión, y poco a poco va envolviendo en una gran inquietud a quien está en la mira del juego. Una inquietud que atrae, que despierta la complicidad en torno a una actitud, unos temas, un enfoque de esos temas, un relato que se quiere volver a escuchar, una meta que empezamos a creer que solo juntos podemos alcanzar. Y ahí surge una complicidad. Esa complicidad que consiste en que el otro complete el mensaje, que sienta esa unidad tan especial que se arma cuando siendo dos nos sentimos uno.

Seducción no es exhibir, es insinuar. Dejar la mayor parte a la imaginación. Manejar el silencio, la ausencia. Dejarse ver, pero no tanto. Trabajar la intermitencia en la presencia. Tensiones controladas, manejo del suspenso. Dar el discurso a medias. Pero en política a esto se debe sumar algo más, fundamental, porque en política seducir tiene que ir más allá de atraer hacia una complicidad: seducir es insertar un nuevo descontento, una incomodidad. Algo que quien recibe el impacto no recordaba sentir. Es insertar un cierto malestar, como hizo Trump y han hecho otros dirigentes de la ultraderecha europea, señalando a los extranjeros como culpables de todos los males.

Es poner en juego un anzuelo para la atención: La presencia de la carencia. Es descubrirle al otro lo que no sabe de sí mismo, y dejarle abierta esa experiencia. Porque lo que seduce es lo que nos sorprende cuando se nos muestra algo que queremos o pensamos, o sentimos, pero en lo que no habíamos caído en cuenta. Como que la culpa la tienen aquellos seres que no rezan como nosotros, que vienen por nuestros empleos, que violan a nuestras hijas, que no son parte de nosotros.

Para seducir en política debemos aprender a desarrollar una ergonomía precisa entre "*idea fuerza*" y candidato. Saber contar con esa cualidad adhesiva de la música, que puede hacer milagros, y aprender a hacer de aquella *idea fuerza* condensada en el concepto que operará como slogan, algo que se hinche, que tome cuerpo en cada mensaje, en cada instrumento. "*Stronger Together*", "*Make America Great Again*".

La democracia está enferma de baja participación porque la mayoría de la comunicación política contemporánea no atiende estos detalles. Y no lo hace porque no estudia verdaderamente el poder de los espectáculos con que compite, ni la psicología de los públicos con que interactuará, ni las cualidades del candidato que conviene exaltar en función de lo que sienten sus interlocutores, ni los defectos a corregir, ni la personalidad profunda de aquellos que votarán, ni su capacidad de mutación, de cambiar "de idea", de gustos, de deseos, a una velocidad como nunca antes se experimentó.

Pero el tema de fondo es cómo lograr insertar un mensaje político que movilice, en un mundo que consume la información política y de actualidad como entretenimiento. Y en el cual, como observa Paul Virilio, la "*opinión pública*" ha sido reemplazada por la "*emoción pública*", instantánea y poco duradera. Esa emoción sintonizada por Trump y su show en la ira, el resentimiento, la necesidad de "*justicia social*", entendida esta como reparación, e incluso venganza.

Trabajamos, estudiamos, hacemos muchas cosas a un tiempo, y cuando tenemos una pausa estamos cansados, agotadas nuestra atención y nuestra paciencia. Y todo lo que deseamos es entretenernos, desahogarnos, divertirnos, disolvernos en la pantallita del Facebook, olvidarnos de cualquier tema trascendente, sentirnos casi tontos, leves. Entonces aparece la oferta de espectáculos, y solo nos abrimos al contacto con aquellos que nos entretengan, que nos permitan identificarnos en algún sentido que nos produzca sensaciones de bienestar hueco, que no nos perturben, que no nos inquieten, o que nos hagan sentir una causa: acabar con Trump, de parte de Hillary, acabar con Hillary, la mano de obra barata que significan los mexicanos, la excusa para el complejo industrial de la guerra que significan los musulmanes, de parte del candidato que conquistó la bandera republicana.

Trump comprendió desde el principio de su campaña que las noticias, donde se inserta la actualidad política, son fundamentalmente entretenimiento, y como tal permanecen en el interés de la gente durante muy breve tiempo. Veinticuatro, cuarenta y ocho, y casi nunca más de setenta y dos horas, en los casos más trascendentes. En lo normal, tres, cuatro minutos.

Nuestra comunicación debe responder a esa realidad de entretenimiento efímero, debe ser parte de ese escenario. Debe cambiar, renovarse permanentemente, sostener la iniciativa para sostener el interés. Ese fue el punto que se planteó Trump.

El objetivo de una campaña política es convencer a esa inmensa mayoría constituida por los que van al fútbol, al béisbol, a los encuentros de la NBA, los hinchas de equipos, los aficionados, los espectadores de todos los espectáculos hechos solo para "entretener", de que nos den su atención porque ofrecemos lo inédito, lo que nunca conocieron. Ofreciendo solución a ese problema a resolver, aterrizan consultores sobre las campañas portando recetas, análisis, diagnósticos, y multitud de respuestas. Racionalizan las emociones de la gente, y proponen gestionar el impacto emocional, medir la micro expresión facial del elector, felicidad, asombro, contrariedad, disgusto, repulsión. Y fórmulas para la definición de la agenda, el análisis del discurso, el voltaje conveniente en el debate.

Pero hace muchos años que la política dejó de ser aquel espacio racional de las ideas y pasó a ser emoción, un mundo donde el espectador-elector probable, únicamente asimila datos que confirman lo que ya cree. Y la prueba es que solo ocho de mil cambian el voto que tienen decidido, según afirman algunos cuantos que han investigado esto a conciencia.

La economía ha puesto contra las cuerdas a la mayor parte de Estados Unidos, y Trump escogió no hablar directamente de esa economía, sino del malestar que sienten millones de estadounidenses, y el deseo de castigar a alguien, a un sistema, a una clase política tradicional, a la cual representa como nadie Hillary Clinton, por lo mal que cada uno está.

LA DEMOCRACIA ZOMBIE.

Ante la acelerada obsolescencia de conceptos que las ciencias sociales siguen utilizando sin comprender que ya han muerto, Ulrich Beck definió una categoría: *conceptos zombies*. La democracia es hoy, en gran medida, un concepto zombie. Una experiencia que se niega, que no se practica, pero sobre la que se opina, se critica. Algo que creemos conocer porque alguna vez alguien nos contó su sentido, pero a la que pese a todas las citas que la invocan solo sentimos como una idea fofa, suspendida en el filo que separa nuestra conciencia de nuestros olvidos. Por eso Frank Underwood, el personaje de la serie *House of Cards*, puede sentenciar con desdén "*La democracia está sobrevalorada*", despertando la complicidad de una inteligente sonrisa en los televidentes. Porque es lo que la mitad de quienes pueden votar sienten. Y como respuesta a ese sentimiento no votan.

Somos una sociedad democrática, regulada por unas leyes y por unos principios, y fundada sobre un pacto no escrito en torno a participaciones, responsabilidades, límites que garantizan la mínima cohesión necesaria para poder hablar de una comunidad. Esa es la teoría. Que dice que aceptamos la desigualdad económica por el supuesto contrapeso de la igualdad política y de derechos. Pero, ¿estamos de acuerdo con vivir eso?

Desde hace largo tiempo los conceptos que pretenden mover electorados no le mueven un pelo a nadie. Y las elecciones se han vuelto rituales sin calor, sin pasión, sin energía, sin convicción en quienes los practican. En la inercia de los conceptos *zombies* seguimos dando vueltas en torno a la percepción de "inseguridad" que detectan en el electorado los que investigan. Y no acertamos a reenfocar prioridades en otra dirección más que esta, o la del desempleo, o alguna otra que íntimamente se percibe como un callejón sin salida más.

Refiriéndose a la "*criminología cultural*", Keith Hayward observa que el crimen y el delito se han politizado por el cubrimiento espectacular de los hechos policiales por parte de los medios de comunicación, tanto como por su impulso que le imprime la agenda electoral. Y apunta que de esta situación emerge una percepción pública que justifica el endurecimiento de la legislación penal y el incremento de la vigilancia, las cámaras, las cárceles, la represión. Y que esto ha generado un estado de "pánico" permanente en la gente, que se expresa bajo la idea de que "*hace falta mano más dura*" ante cada nuevo foco de atención, sea este una nueva droga en circulación, o una nueva modalidad criminal.

Una inercia con forma de círculo, una rutina en la que los temas se van deteriorando, perdiendo contenido de realidad. Debilitando su poder para despertar la atención. Perdiendo su capacidad de seducción. Aunque el tema sea real, y siga ahí, aplastando la realidad.

Un número de personas sabe algo sobre ciertos asuntos, los piensa, llega a conclusiones sobre ellos, y a partir de esto esas personas actúan como líderes para el resto, marcándoles la opinión o la emoción que es correcto tener ante los hechos. Pero no hay vivencias propias. Y cuando alguien nos desestabiliza, y nos inquieta, conectamos de lleno. Ahí está la oportunidad, el desafío, la posibilidad de éxito. Y ahí es donde se inserta el espectáculo exitoso de *outsiders* como Donald Trump.

Conferencia en la VI Cumbre Mundial de Comunicación Política, México D. F., diciembre 2014, revisada, *aumentada y reeditada en el contexto del escenario Clinton vs. Trump, agosto 2016.*

3. EL FACTOR ERÓTICO EN LA POLÍTICA.

Podemos acotar Eros como el triunfo del cortejo sobre la idea de violación para acceder al deseo. Y en esa medida podemos decir que es erótico el mensaje abierto que emite un zapato de tacón clavado en una sandía, o lo es un dedo penetrando con dulzura una mandarina. También podemos decir que Eros es la sangre del torero que se escapa por su ingle mientras aún sigue toreando bajo un sol que apesta a sudor, a queso rancio, a orgasmo. O bien que Eros es el olor que emana de la selva al caer la tarde, cuando sientes que el peligro se desgrana en pequeñas bolitas de miedo. Que cuando habla Eros las palabras no se dicen, se gatillan. O que Eros es un día de elecciones en ese instante en que cierran los tajos de las urnas y aún no se sabe qué mayoría las ha penetrado.

Igualmente es válido decir que erótico es quien me dice lo que yo no sabía que quería escuchar. Que me muestra lo que no había imaginado que quería ver. Que me abre, me oxigena, me envuelve o me penetra con una posibilidad que nunca antes pensé iba a conocer.

Eros es aquella fuerza que nos llama hacia las grandes aventuras, que nos conecta con la desestabilizadora sexualidad, pero también con la voluntad capaz de poner en movimiento esos grandes sueños que aún no hemos soñado. Ajustando la semántica, Eros, ese anillo que aún no se ha cerrado, es el principio de la vida. En tanto Tánatos es el cierre, *the end*, esa hiperrealidad pornográfica.

Y también podríamos decir, extendiéndonos en lecturas, que Tánatos es la falta de empleos dignos con relación a los costos de lo necesario para ser parte de la sociedad hacia la que nos guían las propuestas consumistas. Y es la vigilancia masiva bajo la que hoy vivimos, la mediocridad del standard como regla, la estética vulgar con la que nos comunican las propuestas los políticos. Encaminándonos al corazoncito de la pepa, la sociedad que vivimos, supuestamente tan pragmática pero que tanto teme a la inevitable muerte y trata de alejarse de ella por todos los medios mágicos o posibles, está tan obsesionada con el final, que vive inmersa en él. Y son escasos los políticos que la convocan a comprender que su verdadero capital de experiencias, tanto como de goce y felicidad, es la vida: eros.

Ahí reside la gran oportunidad para quien quiera insertar un liderazgo que sacuda, que conmueva, que genere cambios verdaderos. Pero, en línea tanática, vemos que año a año se vuelven a repetir las actitudes rutinarias y el simulacro del cambio. Viejas mañas de aquellos que aprendieron a abusar de maquillaje, botox, implantes, prótesis, palabritas lubricantes, juguetes estimulantes, ungüentos retardantes y aditivos potenciadores. Y que siguen presentes porque escasean los que comprenden que debemos evitar, sobre todo, que la grasa nos bloquee las arterias, y como consecuencia de esa comprensión saben poner en acción el juego, esa forma fundamental del erotismo: proponer lo no experimentado, insinuar la posibilidad de comportarnos distinto, sugerir el atrevimiento de cambiar verdaderamente los valores, golpear el sentimiento estancado, contragolpear con la fuerza del trueno y la velocidad del rayo, mandar centro, balonazo... Nunca ser paisaje predecible, el punto de partida de los movimientos Trump.

Entrándole a las metáforas digamos que, en palabras de Platón, el eros dirige el alma, que entre samurais residía en la espada. Y que no puede anclarse el valor en precio, esa vulgaridad que pretende definir rápido, de forma que quede excluída cualquier posibilidad de duda, etiquetando la experiencia, la atención, el objeto, la subjetividad, con la supuesta certeza de una cifra que pretende domesticarlo todo, hasta el valor de los seres. Esa mentalidad que en comunicación política electoral se plasma en el ir directo a lo que quiero que hagas, sin comprender que lo que debo hacer, si ejerzo la inteligencia y la sensibilidad, es construir el valor de tu acuerdo, para así moverme de forma firme con la complicidad de tu voluntad.

La naturaleza es cambio permanente, evolución, mutación, transformación, inestabilidad eterna. Erotismo en estado puro. Nunca ese miedo al riesgo que exige menos metáforas, cero imágenes nuevas, que se entienda todo fácil, que todo sea ordenadito, convencional, no sea que asustemos a alguna tía. Y si estamos en tiempos de atrevimiento, que todo siga igual pero con disfraz de cambio, como decía el siciliano Lampedusa.

La vida refleja en todos sus planos esa ley natural que desestabiliza, sacude, conmueve, inflama los días. Y los seres vivos están en su mejor forma cuando se mantienen permanentemente conectados con esa inestabilidad, aunque desarrollen la pretensión de continuidad sin sobresaltos. Como esas sociedades europeas que celosas de la tradición, "*lo típico*", resisten a esa ley del Universo que es el cambio, aferradas al deseo de estabilidad desde la intención, intuida o razonada, de acumular masa para afirmarla.

La sociedad contemporánea vive un período de gran tensión cuyo sedimento es alienación, depresión, hostilidad, baja autoestima, grupos de odio en los estadios de fútbol. Una sociedad que se exhibe despolitizada, marcada por la indiferencia en relación con las cuestiones públicas, por el individualismo, la atomización de las realidades y la competencia como estrategia de supervivencia. Un tiempo en cuya intimidad ocurre que casi todos sienten la necesidad de estar constantemente ocupados o entretenidos, ya que de otro modo se "*aburren*", y como consecuencia se sienten incómodos, irritables. Y lo que piden es velocidad, nuevos estímulos, excitación.

En este mercado electoral a todo candidato político le interesa producir corrientes de interés, opinión favorable, voluntad de voto. Pero el camino para lograrlo puede no ser el más directo. Y ahí emerge la posibilidad de comprender mecanismos que han funcionado en la campaña de Donald Trump.

En muchos momentos de la campaña, Trump parece ajeno a la ansiedad por el logro, esa que en otras campañas se traduce en comunicación enfocada "*a lo que vinimos*", y por tanto obvia, lineal, plana, carente de elementos seductores: "*Vota por Pepe*", "*Pepe Alcalde*", "*Todos con Pepe*", "*Con Pepe Sí Podemos*". Como resultado de esta actitud de codazos, de quítate-tú-para-ponerme-yo, cada temporada electoral sufrimos una comunicación repetitiva que produce sensación de *deja vu* y que, obviamente, no genera los efectos deseados ni aún en casos donde su insistencia expositiva en medios y espacios es brutalmente superior a la del candidato opositor. Pero ese no es el caso del millonario republicano, que se permite moverse como si no tuviera ningún interés particular, monologando aquí y allá, esa forma suya de dialogar asumiéndose intérprete de lo que le conviene a la sociedad.

LA ESTRATEGIA ERÓTICA DE TRUMP.

Una estrategia erótica de comunicación política es aquella que eriza la piel, inquieta, excita, siembra la necesidad de transformar la realidad que se vive y por eso provoca incontrolables deseos de actuar. Es aquella que pone a circular conceptos y mensajes transgresores en medios aire de alta inversión, pero también que los susurra en medios de baja inversión aptos para activar el rumor, o la puesta en escena de mensajes con intención viral.

Porque si algo permanece es la vigencia de esa versión "extraoficial" de la realidad que condensa el rumor, "entretenimiento" primario de la sociedad. Porque los ciudadanos se entregan a la televisión, los videos en la red y los rumores para olvidar la tensión, la ansiedad, los miedos, la frustración, la insatisfacción omnipresente en ellos. Y al mismo tiempo, porque a través de esa sensación de cercanía íntima con la realidad que produce el rumor, sienten que se teje entre ellos y los demás una complicidad, una relación.

Tenemos un mundo que podemos describir así: peligroso cambio climático, proliferación de nuevos virus que amenazan ser pandemia, indiferencia de los ciudadanos frente a las grandes decisiones que se deben tomar, rechazo masivo a la política, aburrimiento de los jóvenes ante cualquier tema que los aleje de las pequeñas pantallas de sus smartphones. Pero como si nada hubiera cambiado se continúan haciendo las mismas campañas políticas electorales que venimos presenciando desde hace medio siglo o más. Mínima innovación, sorpresa cero, repetición, repetición.

La mayoría de los estrategas políticos siguen partiendo de estadísticas sobre el miedo y concluyen que los únicos grandes temas son la Inseguridad, el Desempleo, la Vivienda, la Salud. El miedo paraliza, castra. El miedo frena la vida, y por eso es lo menos erótico que hay a nuestra disposición para trabajar motivaciones. Si queremos un verdadero "mundo mejor" es preciso utilizar nuevos mapas que nos conecten con lo que está latiendo en los oscuros territorios del deseo. Ese deseo que busca contactar con lo no vivido, lo no experimentado, lo Nuevo, el cambio, el riesgo de lo que no conocemos.

Trump se lanza a la carrera por la presidencia porque representa un proyecto que comprende la necesidad de propuestas políticas con altas dosis de imaginación en sí, y en la forma en que expresan su interés por contactar con los ciudadanos. Propuestas que digan lo que "*los que no tienen voz*" piensan, que desestabilicen lo que defienden los que sí tienen voz, propuestas que rompan con la inercia de lo que nos dicen que conviene a todos, permitirse afirmar que puede haber amistad con Vladimir Putin y la vieja y mesiánica Rusia, y que al mismo tiempo no descartaría el uso de armas nucleares si la ocasión lo amerita. Y no es que piense absolutamente comportarse en esta línea, sino que le parece que está bien decirlo, que por qué no cambiar de ritmo, sacudir, erotizar la situación. Porque su proyecto requiere de grandes cambios.

Como empresario, y de cara a un estado que se ha ido convirtiendo en una extensa burocracia, Trump tiene la visión de que un país es una empresa. Y lo es como organización, como estructura, como principio de eficiencia, aunque no se centre en las ganancias de tipo monetario, sino en el bienestar de las personas, los ciudadanos, para quienes debe trabajar esa empresa. Que en verdad Trump ve como una empresa hecha de muchas pequeñas y medianas empresas, cadenas productivas a escala humana, y no un club de "grandes" empresas, como aquel para el que viene trabajando Hillary Clinton. En esa dirección apunta su visión de recuperar la producción en territorio norteamericano, y de muchas otras cosas que deben modificarse si se pretende que el país supere realmente la recesión en que se halla. Y más allá, de cara al futuro, porque hay muchos territorios de choque entre la visión de estos candidatos. Hay terrenos que Trump los ve estratégicamente, por ejemplo, el agua, en tanto Clinton se alinea con esa línea que ejemplifica la insistencia del grupo Nestlé en que el agua, básica para la vida humana, deje de ser administrada por los gobiernos y se privatice, se vuelva un bien para comerciar. Un bien al que solo puedan acceder los que tengan con qué pagarla.

Anuncia Trump que mirará con lupa todos los contratos de libre comercio, comenzando por aquel con México y Canadá, y dice que podría contemplar la posibilidad de salirse de la Organización Mundial de Comercio, porque sabe que si quiere ir adelante con su proyecto debe neutralizar al capitalismo financiero, los bancos, los fondos de inversión, tanto como al capitalismo de las corporaciones multinacionales que no responden a ningún país, como sí ocurría antes. Y por consiguiente no tienen intereses relacionados con ningún territorio, y no vacilan en darle prioridad a los propios sobre el bienestar de aquellos territorios en que operan, lo cual impacta por igual a España o Grecia que a Brasil y Suráfrica, o California, Illinois y Ohio.

El candidato bajo bandera republicana declara que no permitirá que ninguna empresa radicada en su país, se deslocalice moviendo sus plantas a Vietnam, China, México o Uganda, porque allá tiene mano de obra más barata y sin obligaciones de responsabilidad social. No podrán seguir con esta política las empresas, sin pagar indemnizaciones y asumir otras consecuencias. Trump dijo textualmente en la Convención de Cleveland que defendería a "*los sin voz*", esa multitud que ha salido golpeada por esa política de "*racionalización de costos*" que han respaldado los demócratas desde hace muchos años, a partir de un presidente republicano, Ronald Reagan. Que también por eso en los discursos de la Convención Demócrata reivindicaron a aquel Reagan, aunque el propósito de fondo era atraer votos republicanos asustados con el estilo, o con los cambios radicales que representa Trump.

Lo que es rotundo es que el candidato Trump quiere defender el trabajo, y en concreto al ciudadano, por sobre los intereses de rentabilidad de los fondos de inversión que controlan hoy a todas las grandes empresas. Y quiere hacerlo revisando los acuerdos internacionales de libre comercio, las políticas empresariales de deslocalización, negando la entrada a la producción de otros países que podría generarse en casa resolviendo el problema de los ciudadanos sin empleo y sin ingresos.

La idea de la globalización, tan bien vendida al planeta en este siglo, no es algo que Trump trague entero. Comprende que no va con sus planes para el ciudadano estadounidense una globalización que está al servicio de los fondos de inversión, las multinacionales de los alimentos, la banca internacional, la industria fabricante de armamentos, el comercio de gran escala con base en China. Y que construye su dinámica en muchos casos a partir de la destrucción acelerada de los recursos del planeta, tanto como de la semi esclavización de los trabajadores de países con alta condición de pobreza.

No se trata de que Trump tenga "*buenos sentimientos*" en términos universales, sino que tiene esos sentimientos en relación con Estados Unidos como pueblo, no como élites empresariales. Y es que no defiende al resto del mundo, sino que sabe que en este orden "globalizado" los beneficios de las empresas que llevaron sus plantas al exterior, se quedan en el exterior, no regresan al país, no generan riqueza para Estados Unidos.

El discurso de Trump es erótico porque se ha desviado de forma radical de los políticos que responden al patrón de los intereses dominantes, los del capital financiero mundial y las grandes corporaciones multinacionales. Por eso la mayoría de los medios de comunicación del mundo lo presentan como un peligro, al tiempo que exaltan a Hillary Clinton, la representante de aquellos intereses, como la alternativa sensata y beneficiosa para Estados Unidos y el planeta.

Como en las Bolsas de Valores podemos decir que siempre se trata de escoger entre apostar con el mercado o contra el mercado, y que la mayoría escoge ir con la tendencia instalada en el mercado sin considerar que las mayores utilidades se producen cuando se sabe apostar a contrapelo, en la dirección del viento de cambio que el rebaño no está percibiendo. Así es como juega Trump.

El estratega político que recurre al camino convencional de la pereza para imaginar, agrandando con sus movimientos el ruido de fondo en el panorama electoral, antes de actuar debería la pregunta de qué pretenderá, si despertar o hipnotizar. "*La imaginación al poder*" pedía una pintada en aquel famoso París de mayo 1968, sin comprender quien la hizo que la imaginación no debe ir a ningún poder, porque no hay más poder que aquel que reside en la imaginación. Imaginación para ver las cosas desde un lugar que no se está tomando en cuenta.

Error similar al de los chicos de las barricadas parisinas del 68 cometía, por los mismos años, el Secretario de Estado norteamericano Henry Kissinger cuando afirmaba que "*el poder es erótico*", sin captar que el poder es el erotismo, esa puesta en juego de la imaginación.

LA POLÍTICA TAMBIÉN ES SEXO DURO.

Hay cosas inequívocas, como la pornografía que no porta más relato que la obviedad, no es más que literalidad, lisa, llana, evidente, sin umbral que transitar. Y hay cosas equívocas, como lo erótico, que propone lecturas abiertas en significados, y que por tanto requiere demorarse, contemplar, digerir, metabolizar. En tanto que el estímulo erótico es una inscripción que sigue trabajando cuando aparentemente ya no está, que continúa enriqueciendo la semántica, sedimentando, la pornografía del "*Vota por Pepe*" dice lo suyo y no da más.

La máscara, el disfraz, el vestido, el decorado, llaman a descubrir, a descifrar. A esa alegría que produce develar, quitar el velo a la metáfora. Y por eso se comportan como incrementadores del placer.

Toda estrategia es como un dibujo al que se debe colorear. Es una partitura para interpretar, para comprender la importancia de la distancia escénica con que se debe aplicar, para construir, a partir de ella, la teatralización esa que potencia las relaciones masivas, la dosis justa de cercanía en redes sociales que evitará un excesivo ablandamiento del candidato, la carga que deberán transportar las palabras.

Cuando un electorado responde a la trajinada propuesta literal de Cambio, lo hace porque siente nostalgias, saudade, melancolía relacionada con una vida a la que percibe estancada. Y si quienes pusieron en acción esa estrategia tienen claridad del dibujo que están coloreando, se produce eso que los ciudadanos argentinos sintieron por el nombre-propuesta del movimiento que llevó a Macri a la presidencia: "*Cambiemos*". Una palabra que alcanzó su máxima potencia ante una presidente que se había vuelto odiosa para muchos al erizar demasiadas contradicciones, acusando, señalando con el dedo erecto como un puntero de maestra de escuela. Esto mientras, perdido en el discurso, el candidato de continuidad Scioli difundía trabalenguas como "*Para que no te falte lo que tenés y tengas lo que te falta*", incentivando el miedo a perder, y dando pie a Cambiemos para decir: "*te falta*" porque no supieron cómo dártelo en 12 años que llevan, y yo sé.

Siempre, como bien saben aquellos que manipulan concretos, las grietas se abren en los lugares que ofrecen menor resistencia, desgarrando allí donde la fuerza cohesiva de los materiales está en su punto más débil. Y cuando la resistencia cede, comienza el tiempo de la realidad aumentada.

Los medios hablan del desenfreno verbal de Trump, pero este, aunque improvise de forma constante, parecería estar atacando siempre adonde puede hacer daño a la posición que obstruye su proyecto. Tiene un mensaje preciso para cada sector del electorado, a los que detecta con exactitud aunque su campaña dé más lugar a la intuición que al Big Data. Quienes siguen con preocupación la política exterior, le escuchan cuando habla del caos en Siria y Libia, de las responsabilidades en el asesinato del embajador en Bengazi, o en la creación del Estado Islámico o ISIS, señalando directamente a Hillary Clinton y su gestión como Secretaria de Estado. Pero no se refiere a ella con formalidades, sino con epítetos de dibujos animados, como "*Crooked Hillary*", la deshonesta, así como al pre-candidato de la familia Bush le aplicaba el descalificador "*Low Energy Jeb*", etc.

Señala entonces, en un guiño hacia las mujeres, la complicidad de la señora en los diversos escándalos sexuales de Bill, tanto como el silencio que ha guardado siempre frente a la discriminación que sufren las mujeres en los emiratos del Golfo, o ante las lapidaciones por supuestas infidelidades en Arabia Saudí. Y a continuación hace énfasis en los 22 correos electrónicos oficiales que Clinton manejó en su servidor personal cuando era Secretaria de Estado, que el Departamento de Justicia señaló que "*requerían de uno de los más altos niveles de clasificación secreta*", y por tanto su descuido fue motivo de una investigación, para muchos complaciente, por parte del FBI, que decidió no presentar cargos contra ella. Trump aplicó allí una pregunta: "*¿puede alguien con ese mal juicio ser nuestra próxima presidenta?*"

El director del FBI, James Comey, había dejado una puerta abierta a la duda cuando declaró que, aunque no presentarían cargos contra ella, había evidencias de que la señora y su equipo fueron "*extremadamente negligentes*" con el manejo de información clasificada. Y, además, respecto al interrogatorio a Clinton, que su oficina de investigación "*no tenía base para concluir que había mentido al FBI*", cuidándose de no cerrar esa rendija, "*no tenía base*", con lo que no afirmaba nada respecto a si lo dicho por la candidata había sido la verdad o había mentido.

El 5 de agosto, en su primera rueda de prensa en 240 días, en Washington, ante los miembros de las amistosas Asociación Nacional de Periodistas Hispanos, y su similar de Periodistas Afroamericanos, escogidas para cerrar nuevos coletazos de aquellos correos, Hillary Clinton volvió a enredarse. Reconoció el error de utilizar su correo personal para temas oficiales, pero insistió en que "*nunca envió o recibió*" información clasificada por su correo, lo que no quedó claro en la investigación del FBI, según detalló su director. Nueva munición para que el hombre del peinado extraño volviera a retomar la punta de los hilos en las redes, insistiendo en que Clinton "*no está capacitada para ser nuestra presidenta*".

HORMIGAS EN EL PICNIC.

Entre las muy pocas cosas que permanecen inmutables en medio del cambiante mar de los días, el fútbol. Un juego donde lo fundamental no es ni balón ni jugador, sino esa irracionalidad que es la bandera, como razonaba Enric González en una nota, recordando que en la Europa de comienzos del siglo XX el héroe era el ciclista, ese individuo al que le comenzó a faltar metáfora social, porque en un nuevo tiempo de masas "*no conseguía expresar ciertas claves totémicas: el clan, el templo, la guerra, la eternidad. Todo eso, en cambio, lo tenía el fútbol, que se basa en el clan (los hinchas del club), el templo (el estadio), la guerra (el enemigo es el club del otro barrio, o la otra ciudad, o el otro país) y la eternidad (una camiseta y una bandera cuya tradición, supuestamente gloriosa, heredan sucesivas generaciones)*".

Con el fútbol, uno nunca está aislado, *You'll never walk alone*: el hincha jamás caminará solo en el mundo, como dice el himno de un club de Liverpool. Por eso se sostiene ese negocio monumental que es este deporte, porque, en lo profundo, el hombre se siente hoy más insignificante que un grano de arena en el viento. Siente que muy lejos de su voluntad existe un grupo que toma las decisiones económicas que rigen su vida, que lo arrinconan, que lo destruyen. Y que ese grupo gobierna sobre cualquier fantasía de poder al alcance de su voto. Esto es, por sobre la soberanía de ese voto que le llevó a creer que en democracia decide él, instalando legisladores y ejecutivos que representan sus intereses y deciden el rumbo de la sociedad.

Hay ahí algo que debemos observar, porque tiene relación profunda con esa "*sacralización del presente*" característica de algunos procesos populistas que se han vivido en América Latina, que distribuyen riqueza al tiempo que tienden a olvidar la necesidad de generarla, extendiendo subsidios en vez de estimular la creación de ingresos por trabajo real, promoviendo el consumo y no el ahorro, el gasto y no la inversión. Pero eso también se puede comprender con cierta facilidad observando la fragilidad de las realidades contemporáneas.

En *El nuevo desorden mundial*, Tzvetan Todorov separa cuatro tipos de países: los del apetito, que durante siglos han estado lejos del reparto de las riquezas pero han despertado en medio de la globalización, como China, India, Brasil; los "*países de la indeci-*

sión", cuya riqueza natural podría instalarlos en el grupo anterior, pero que no lo hacen y por ello empujan a su población a emigrar en masa, citando entre estos a Ecuador, Argelia, México, Congo, Bolivia...; los "*países del resentimiento*", mayormente musulmanes en la mirada de Todorov, que ve su actitud como "*consecuencia de una humillación, real o imaginaria, que supuestamente le han infligido los países más ricos y poderosos*". Y, finalmente, estos países ricos y poderosos, a los que clasifica como los "*países del miedo*", temerosos de la fuerza económica de unos, la inmigración que llega desde otros y los "*ataques físicos*" del resto. Países donde basta que un funcionario anuncie "*un ataque terrorista es altamente probable durante los próximos días*", para que la paranoia nacional se instale y lubricantes orgánicos varios se derramen por toda la escena.

Y esos "*países del miedo*", donde tienen sus casas matrices los Fondos de Inversión dueños de las Corporaciones Multinacionales, marcan el modelo de simulacro que siguen las burocracias locales de los países periféricos: la "*lucha contra la corrupción*", la "*seguridad*" burocrática, en tanto se promueve el control de la intimidad para alimentar bancos de datos que permitan mercadear mejor.

"*Tenemos un patrón de tiroteos masivos en este país*", declara el presidente Obama en diciembre de 2015 reconociendo 357 salvajes lluvias de balas en ciudades de su país en lo que va del año, un problema de malestar interno al que parecería no se le ha prestado atención, en tanto los hombres de las viejas mañas han impulsado el cultivo de la nueva burocracia de la macro seguridad nacional como plataforma de sostenimiento y expansión de la industria militar y del macro control sobre la sociedad. Una industria con la que Clinton tiene las mismas fuertes relaciones que tiene con Wall Street.

Repasemos esas relaciones, para entender un poco más la guerra que libran Hillary y Trump, ya que el proyecto de este ha puesto en riesgo algunos de los grandes negocios que se mueven al más alto nivel en Estados Unidos.

La campaña demócrata cuenta con el respaldo total de los *hedge funds* y el sector financiero, que guarda esta alianza con celo, casi cultivando la idea de mutua dependencia, desde el salvataje que recibió para salir del tsunami 2008. Pero hay un antecedente anterior, y una señal de eso es aquella mansión en el estado de Nueva York que los banqueros de Wall Street facilitaron al matrimonio Clinton cuando se terminó la doble temporada de Bill en la Casa Blanca. Les prestaron el dinero, y a continuación les facilitaron el pago del mismo abonándoles millones de dólares por concepto de conferencias. Y no se quedaron allí, sino que les dieron también el respaldo para crear una fundación familiar que hoy mueve miles de millones de dólares, y que ha sido objeto de pedidos de investigación con relación a su manejo de ayuda humanitaria a Haití.

La alianza de la familia Clinton con el mundo de los bancos y los fondos de inversión se origina en la primera campaña de Bill, cuando el grupo de los "*nuevos demócratas*", del que era parte el matrimonio, logró aquel cambio ideológico en el partido, mutando de la igualdad social herencia del New Deal, que perseguía incrementar la calidad de vida de la mayoría, a la "*política de la identidad*" de género, sexual, étnica, y la igualdad de oportunidades, la lucha por los derechos de las minorías al éxito individual. En síntesis, la balcanización de la lucha en las bases, para debilitar posibles peligros para el sistema. Una alianza que se ha renovado, como en tiempos feudales y de príncipes, reinas y reyes, con el matrimonio de su hija Chelsea, que, luego de trabajar en uno de estos *hedge funds*, se casó con Marc Mezvinsky, un hombre de Goldman Sachs que salió de aquella financiera protagonista de la crisis 2008, para constituir su propio fondo.

Y en el frente del complejo industrial militar, si no basta con el dato de una relación de ida y vuelta de favores montada a partir de los constantes aportes de oportunidades para este sector que ha hecho Clinton, promoviendo la escalada de las guerras de Irak y Afghanistan, tanto como protagonizando la creación de nuevos frentes en Libia y Siria, tenemos también el dato de la relación estrecha de la candidata con los generales de mayor peso del ejército americano, y su larga relación con Jack Keane. Este general de cuatro estrellas en retiro, autor intelectual de la política de incremento de tropas en Irak, es desde hace largos años el guía del pensamiento "*halcón*" que exhibe Hillary, y a través de él, miembro del consejo de General Dynamics, asesor estratégico de Academi (anteriormente la famosa Blackwater) y otros proveedores de tropas e inteligencia para el mercenarizado nuevo ejército estadounidense, Hillary ha ido tramando los hilos de su fuerte relación de pensamiento e intereses con la industria.

Afuera siempre hay peligro, es el sentimiento compartido por la ciudadanía modelada por los medios de comunicación. Una ciudadanía que no comprende que lo que alimenta la inseguridad está adentro, en uno. Y por eso, en nombre de la "libertad" y la "democracia" se abre dócil al despliegue de la guerra al narcotráfico, al terrorismo o por "la libertad y la democracia", no dudando en responder sumisa al ¡Ponte con las palmas de tus manos arriba y apoyadas en la pared, abre las piernas! ¡No creas que esto me gusta, pero estamos liberando al mundo de la inseguridad, y para eso necesito revisar tu culo, tengo que inspeccionar todas tus cavidades, es el protocolo!

Como la graduación de los alcoholes, la democracia, la libertad, el respeto al ciudadano, se dan hoy al 20 o 30%, aunque se piense sin pensar y se dé por hecho que son al 100%. La conclusión provisoria es que, como dijo Zhou En Lai en tiempos en que los acuerdos de Bretton Woods establecieron el dominio del dólar sobre el sistema financiero mundial, "*aún es demasiado pronto para forjarse una opinión definitiva sobre lo que significó la Revolución Francesa*".

Si el espectáculo del poder se alimentó en viejos días de Potemkin haciendo fachadas para casas de mentira a pedido de la zarina Catalina, que deseaba mostrar los progresos urbanísticos de Rusia, en estos tiempos bien se puede alimentar de Sociedades Protectoras de Animales reclamando en las iglesias contra las imágenes de San Jorge acribillando al dragón con su lanza, reirá alguno por ahí. Y así suele ocurrir que, de pronto, un país de elefantes se fascine por una banda de ratones, como ocurrió en la Alemania Nazi.

UNA DE COCODRILOS Y PIRAÑAS.

El hardware es la motivación: seguridad, empleo, salud, vivienda, educación. El software es cómo lo comunicas, cómo lo expresas, cómo lo haces sentir posible. Ahí radica la cohesión del voto, explicará el estratega rutinario que piensa que el escenario es una sociedad joven que no tiene ni memoria ni experiencia, porque simple y llanamente no existen los hechos que ocurrieron hace no más de tres o cuatro años. Y piensa eso porque alrededor hay salas de venta de ropitas bonitas con música estridente, enormes pantallas de video, neones, y muchos espejos repitiendo todo miles de veces hasta perdernos de cualquier noción de realidad.

Y la gente cae en la pasión por la ropita, la bicicleta todo terreno, la camioneta, el smartphone o por cualquier otro juguete novedad, porque ya lo decía el viejo Sigmund Shlomo Freud, cuando un niño no ha desarrollado su autoestima, pasa a compensar esto viviendo relaciones con objetos. Y el que no cuenta con qué, va por su iPhone a las malas, lo roba si no tiene empleo que le dé con qué pagarlo, porque el teléfono "inteligente" es el medio para que un joven pueda sentirse siendo parte, comunidad.

Y si consiguen un puesto en los engranajes, se matan seis días de la semana trabajando como bestias alucinadas para poder salir con todo el séptimo, el del descanso. Y ese día, como no alcanza el tiempo para vivir lo que quieren, aceleran, exageran en lo que beben, en la droga que meten, con la ansiedad goteando y el tiempo estrangulando. Y aunque se den cuenta permanecerán en esa situación, poniéndole cada día un protector bucal a la esperanza antes de salir al ring donde esperan los golpes de la realidad.

Entonces, como una promoción por Fin del Mundo, "*Un shock de inversión pública*", "*Un boom de infraestructura*", promete Keiko Fujimori en Perú, y remontándose al exterminio de las guerrillas por su padre asegura "*Vamos a acabar con el terror, sabemos cómo hacerlo*". Le habla a esa clase media y la otra a medias pobre, que aportan más impuestos que las corporaciones trasnacionales pagando valor agregado sobre todo lo que consumen, en tanto las corporaciones reciben enormes exenciones impositivas bajo una u otra argumentación. Y dice eso porque da por hecho que a muy pocos se les ocurrirá responder pidiendo, cuanto menos, ¿Qué tal un poco de pudor?, y espera que la mayoría trague entero ya que esa mayoría solo desea poder comprar más cosas para desechar, el consumismo de hoy. Eso mientras desea que, por favor, aparezca el o la líder que domine la situación del país, del mundo, que se ponga al frente, que vaya al rescate de los mineros como Piñera, o a la discoteca donde están los fundamentalistas matando gente, como Hollande. Porque el rebaño quiere carisma situacional, quiere un líder que hable y actúe fuerte y esté siempre en acción, asegurará el asesor.

Trump dice que no está de acuerdo con la política de su país en Oriente Medio, y habla de sus desacuerdos con el papel que desarrolla la OTAN, tanto como con el meterse en guerras de altísimo costo para el país y donde solo encuentran beneficios las corporaciones al servicio del despliegue militar. Dice que no está de acuerdo con pagar protección a países que tienen riqueza para pagarse su propia seguridad, aunque la teoría diga que Estados Unidos paga ahí por su seguridad a nivel estratégico. Y en suma dice que no está de acuerdo en gastar una extravagante cantidad de dólares a favor de ese complejo industrial militar que es quien impone la ideología de guerra que defiende su rival electoral.

Hillary Clinton fue pieza clave en la presión para que Estados Unidos armara los grupos rebeldes que comenzaron la guerra civil que puso a Siria en la destrucción y crisis que vive hoy, y desplazó miles de familias hacia la aventura de muerte y miseria a través del mar buscando a Europa. Obama se resistió inicialmente, cediendo finalmente ante la implacable ofensiva de Clinton y compañía, como cedió ante la misma ofensiva en cuanto al incremento de la actividad militar en Irak y Afghanistán. Y en la desestabilización de Libia y la guerra de aniquilación contra el régimen de Muamar el Gaddhafi, cuyo linchamiento celebró Hillary con aquella brutal carcajada en una entrevista de la cadena CBS.

En tanto Obama fue partidario de centrarse en el uso del aparato de inteligencia, la NSA y la CIA, complementándolo con drones y operativos especiales, más que en el uso del costoso despliegue militar, la candidata demócrata es partidaria del incremento del poder militar, alineándose con la teoría de la salud de la economía mediante la inyección del gasto en la alta tecnología y la logística que requiere sostener el aparato de guerra.

HAY MUNDOS FUERA DE TU PANTALLITA.

Las guerras son un ping pong con un ajedrez detrás. Y gana quien tiene capacidad de anticipación estratégica. Esa que permite sacrificar un peón para comerse un caballo. La diferencia está en saber pensar en el otro, ser el otro, y desde el otro incrementar tu valor de cambio, eso que llaman plusvalía y que, explícita o implícita, agrega excepcionalidad, acortando distancia para evolucionar a la atracción, la inquietud, esa tensión erótica.

Nubes y Lluvia era la idea antigua china para hablar de sexo-coito, actividad que asociaban a la fertilización de la tierra, relacionando el equilibrio yin yang con la prolongación de la energía natural. "*Absorber el yin de ellas sin derramar tu yang*", reteniendo el semen-fuente-de-poder para prolongar la vida, enseñaba a los hombres la sabiduría de aquella cultura cuya poética cantaba el encuentro del tallo de jade con el loto dorado. Hoy vivimos muy lejos de aquella educación, en un tiempo de bajo eros y exceso de obesos con armas automáticas y Viagra a su disposición, donde como máxima exhibición de sofisticación, los políticos y sus asesores estratégicos juegan a endurecer la imagen para ablandarla después, dependiendo del estado de ánimo electoral.

En esa vitrina se exhibe la canciller alemana Angela Merkel, que aprieta los testículos a los griegos hasta que no pueden respirar, y luego aparece derramando ternura con un perrito de peluche dentro del nuevo marco de *Deutschland* abriendo sus fronteras a los refugiados sirios, para a continuación enviar aviones a bombardear sus casas y barrios allá, para promover su migración. Refugiados a los que los empresarios del país ofrecerán pagarles salarios de cuatro euros la hora cuando, luego de tres décadas de lucha, los sindicatos habían logrado que se fijara el mínimo por hora del trabajador alemán en siete euros. Pero eso no registrará en los 15 segundos conque los noticieros cubrirán la actualidad.

Vivimos tiempos groseros, muy ajenos a la metáfora sutil que te hace transpirar, a esa poética del túnel entre las piernas del defensor, ese esconder la pelota del delantero genial, el abanico de la geisha diciéndote *papito quiero ya*, esa atracción de la asimetría, de aquello donde parecería haber error, *pero anda, mira que no lo hay*. Vivimos bajo la creencia de que estar en lo mejor es hacerse un *selfie* y colgarlo como prueba en tu Facebook. Vivimos lejos del erotismo que nos llama a construir una nueva realidad, y demasiado cerca de los proyectos de explotación, confrontación, exclusión, que en algún tiempo ya no nos dejarán respirar.

El factor erótico que desequilibra la realidad es aquel que que trabaja sobre el valor de las cosas, sembrando dudas en la sociedad del precio como única certeza. Aquel que da espacios al ciudadano que en lo profundo de su interior pide tirame un centro, dame juego por favor. Que no le escatimen la oportunidad de ir al encuentro de un nuevo destino, de lo que sueña que podría haber para él en la vida. Que nos permitan abrirnos a lo que es, cambiar de la mano de aquello que realmente es, y así instalar lo que puede ser, haciendo emerger a ese miembro fantasma de la sociedad que genera la intuición de que hay mucho diferente por vivir.

Hace unos años en Tailandia los empresarios, militares, monárquicos de la Alianza Popular por la Democracia bloquearon los aeropuertos de Bangkok y lograron así instalar sus temas y sus reclamos para limitar el poder de los pobres, seguidores del ex premier populista Taksim Shinawatra y su partido Poder del Pueblo. Los poderosos jugando al revés, montando las barricadas, tirando molotovs, tremenda disrupción que funcionó. Porque superar los límites depende más de resolver los obstáculos internos que externos. Depende de atreverse a la incorrección, ese erotismo. Y eso está al alcance del pueblo, tanto como de los que detentan privilegios, como Donald Trump.

Frente a la posibilidad de sostener las coordenadas del orden de exclusión de mayorías que se está viviendo en todos los países que comparten estos tiempos de globalización, y mucho más en los de la miseria periférica, representados por Clinton, Trump, por esos misterios del alma humana o por un proyecto mesiánico, o por un ego terminal, decidió irrumpir proponiendo otra posibilidad. En vez de trabajar por la defensa de los privilegios, desde esos privilegios salió a proponer un salto, un cambio radical de alineación, y por eso rápidamente surgió un coro mediático a pedir que lo internen en un psiquiátrico, poco más o menos. Esto al tiempo que más de uno meditaba en las sombras la posibilidad de contratar sicarios del Cartel de Sinaloa, o un grupo comando de los Zetas mexicanos para que secuestrara al millonario y resolviera por los hechos la situación.

La mayoría de las campañas políticas expresan una vulgar ansiedad, en línea con el deseo masivo de velocidad, todo *fast*, comida rápida, relaciones rápidas, consumir lo apetecido y pasar a lo siguiente, *next, next*! Porque falta la imaginación necesaria para considerar la posibilidad de insertar estímulos que provoquen una interrupción en el flujo de la inercia. Esa imaginación con la que sorprendió el proyecto Trump.

"*Ha nacido un partido*" proclama un anuncio en España mostrando un líder desnudo, al natural. Y en cuatro años ese partido, Ciudadanos, claramente un "*partido de diseño*" que responde a la necesidad de actualizar la opción de derecha, se convierte en fuerza clave para formar una coalición de gobierno. Porque, aunque la ciudadanía haya sido defraudada una y otra vez, la aparición del resquicio erótico con la oportunidad de una experiencia nueva siempre tendrá poder de atracción.

Bajo el control de Tokinawa, el Japón de principios de los años 1600 ve la prostitución como un servicio liberador del stress, esto es del dolor de los hombres por el mundo que les tocaba vivir. En esa época aparece la Geisha, mujer culta, plena de conocimientos, de la que los señores aprenden sabiduría en tanto en el teatro kabuki los papeles femeninos son representados por otros hombres de sensibilidad sutil, con los que luego tendrán relaciones sexuales o de amor shogunes y samuráis. Es un mundo que aprecia la armonía, el equilibrio y sus rupturas para facilitar una nueva realidad. Un mundo donde los hombres se excitan con el roce de los pies vendados de la mujer, y ellas saben que el budismo denomina *samadhi* a ese estado de absorta contemplación en que uno conoce la unidad porque es capaz de separarse de sí mismo para contemplar, comprender y luego retornar a una unidad potente para actuar.

Un *samadhi* se puede alcanzar al cocinar, al escribir, al luchar, al practicar el amor corporal, al tocar el piano, entrando a través de esa actividad en aquel estado de aniquilación del sí mismo individual al que se refieren los místicos sufís denominándolo *fanà*, y en el que las características del *pequeño si mismo* se disuelven para que el *gran Sí Mismo* pueda mostrarse. Un estado en que cuerpo y mente están tan absortos en la actividad, que las ondas cerebrales empujadas por esos ritmos permiten una conciencia aguda de lo real. Erotismo radical.

Small people talk about other people. Average people talk about things. Great people talk about ideas, los pequeños hablan de otros pequeños, la gente normal habla de cosas, los grandes hablan de ideas, dice un cartel en la barra de un bar en el que alguien, amante del silencio y la economía en las palabras, opina que algunas de estas se utilizan en exceso y ese uso les hace perder significado. Hasta cuando se las toma y ejerce con tanta precisión que quienes escuchan reconocen el sentido y aprueban sin dudarlo.

Entonces uno recuerda que en el mundo de los matemáticos se suele denominar "*elegancia*" a aquella economía de enunciación capaz de desatar grandes implicancias a partir de la más breve línea de pensamiento. Lo cual le hace evocar un par de frases precisas que almacena su memoria: "*El camino no es tan difícil. Simplemente hay que evitar elegir o descartar a cada instante*", Seng-Tsan. "*Ante una mente tranquila, todo el universo se rinde*", Chuang-Tzu.

Conferencia en la VIII Cumbre Mundial de Comunicación Política, Lima, diciembre 2015, revisada, *aumentada y reeditada en el contexto del escenario Clinton vs. Trump, agosto 2016.*

4. DESPERTAR EL VOTO JOVEN: EL FUTURO DEL VOTO EN LAS SOCIEDADES BURBUJA.

..."Amado Pan, y todos vosotros, los otros dioses que habitáis este lugar: dadme belleza en el interior del alma, y que el hombre de afuera y el de adentro sean uno mismo".

Plegaria atribuida a Sócrates.

La política es el plano en que se entretejen individuo y comunidad, donde producen una trama el *yo* con el *nosotros*. Esto es, un yo que está construido por un relato, una película que cada uno va creando sobre sí mismo y a la cual se ajusta para darle consistencia, y un nosotros, una identidad colectiva que es otro tanto, otro relato que creamos y creemos. Y al que nos empeñamos en reforzar y darle consistencia con nuestras actitudes, opiniones, decisiones, participación electoral o abstención, rechazo.

Esos relatos individuales y colectivos en nuestros días están sometidos a vertiginosos procesos de cambio, estimulados por el flujo ininterrumpido de información que nos impacta. Flujo que produce tal nivel de inestabilidad en nuestras certezas, que cualquier posibilidad de sostener articulaciones entre el relato individual y el colectivo se debilita en el tránsito de uno al siguiente instante.

Si antes había una cierta verticalidad en la construcción de los relatos comunes, hoy predomina la horizontalidad que pusieron en escena las nuevas tecnologías de la comunicación, y otros factores han contribuido a dilatarla. Como resultado tenemos que el escenario en que se mueve la realidad de nuestras vidas es flexible, ligero. No existe estabilidad, y por tanto la precariedad es determinante en el discurso común.

Al no existir un relato social estable, escasean los espacios de unión desde los cuales poder proyectarse. Hay espacios de rechazo en común, de queja, de crítica y destrucción, pero escasean los de creación, los de sueños compartidos. Y esta realidad, en particular, siempre ha sido de alta importante, al punto que en los hospitales psiquiátricos de la Unión Soviética bajo Stalin sobremedicaban a los internos con fenotiazina para neutralizar su actividad onírica, porque habían descubierto que los que no soñaban se volvían más mansos, más apáticos.

Los sueños mueven el cambio. La apatía mueve los proyectos basados en la esclavitud.

El malestar no es nuevo, como lo prueba esa inscripción asiria de alrededor del 3000 a.C. citada por Gay Talese en su *Honrarás a tu padre*; "*La Tierra se está degenerando en estos tiempos. Hay señales de que la civilización está llegando a su fin. El soborno y la corrupción abundan. Hay violencia por todas partes. Los niños ya no respetan ni obedecen a sus padres.*"

Cinco mil años después seguimos hablando de lo mismo. Degeneración, corrupción, violencia, ruptura generacional.

Uno debe saber qué quiere y hasta donde lo quiere, en cualquier situación, negociación, debate, es una enseñanza que más o menos todos y todas tenemos clara. Pero hay otra que no ha circulado tanto, y es que uno debe saber qué tan nuevo es el escenario en que quiere insertar su propósito, qué tan profundas raices tiene, para saber hasta dónde debe profundizar en él si pretende modificar algo. Porque, como decía un anciano ruso amigo de mi abuelo Habroslav, el croata, no se puede pensar claramente con los puños cerrados.

La democracia hoy es de opinión breve, efímera, sin continuidad. Y sobre esa realidad se dificulta la intención de construir cualquier modificación en el tejido social, para volverlo armónico con las nuevas circunstancias, y dentro de esa inestabilidad darle consistencia, sostenibilidad.

Vivimos en un mundo chispeante, hecho de breves burbujas que duran instantes, y en el que los jóvenes valoran la simpatía, la alegría, lo divertido que es alguien, en tanto que valores como la honradez, la honestidad, la responsabilidad, que teóricamente asumen como de fundamental importancia, son percibidos pesados, intensos, aburridos, latosos, y por tanto no interesan. Así como no interesa la política, rechazándose a los políticos, a los que se atribuyen todos los males, olvidando su papel fundamental en las decisiones que luego sufrimos, o con las que no estamos de acuerdo.

El futuro del voto, como corazón del proceso electoral, está unido a la renovación constante de los electorados. En esa medida es fundamental que la comunicación política logre hacer contacto con los intereses de los jóvenes y sea capaz de movilizarlos en dirección a la participación activa, en términos de militancia y voto.

El interés por la política no se hereda, no pertenece al ámbito de la genética, sino que es algo cultural, que se adquiere cuando se comprende aquello de que "*El hombre es sólo una parte de sistemas más amplios que lo contienen*", como escribe Gregory Bateson, que piensa que la mayoría de las incapacidades para aprender provienen de la ceguera perceptiva de pautas y estructuras, de la incapacidad para percibir las relaciones o el sentido de determinado grupo de elementos. Nuestras escuelas no nos ayudan, dice Bateson, pues no nos enseñan a establecer conexiones y a percibir el contexto o entretejido ecológico de los sistemas en relación.

La indiferencia, la apatía de los jóvenes, tanto como la debilidad de la memoria de los mayores hace posible que Hillary ataque a Trump en 2016 con casi las mismas palabras que utilizaba para atacar a Barack Obama en 2008, calificándole de *ingenuo, irresponsable, sin preparación para ser presidente*.

También le facilita utilizar con éxito en su estrategia conceptos aterrorizantes, como el que puso en el aire en la Convención Demócrata, apoyándose en el volcánico temperamento de su rival, "*A un hombre al que se puede provocar con un simple tuit, no le podemos confiar nuestras armas nucleares*".

O aquellos otros, enfocado a los mexicanos y haciendo palanca en las escandalosas propuestas de Trump en su versión *hooligan*, "*No construiremos el muro, construiremos una buena economía*". Y dando un paso más allá en la promesa, para reafirmar la conexión con el voto hispano, poniendo en la mira a los indocumentados, "*En vez de un muro construiremos un camino a la ciudadanía para millones de inmigrantes*", "*La reforma inmigratoria hará crecer la economía y mantendrá a las familias unidas*".

Y, apuntando a lo más hondo, pidiendo "*Pongámonos en los zapatos de los jóvenes negros y latinos que enfrentan los efectos del racismo, y les hacen sentir que sus vidas son desechables*".

TERRORISMO CONCEPTUAL A LA CARTA.

El problema en la búsqueda de respuestas comienza por el no contar con las preguntas adecuadas.

¿Qué puede despertar pasiones, convocar jóvenes a la política, hacerlos parte del debate democrático? Un camino es lograr que se cuestionen, que se pregunten, que discutan si el centro es la izquierda de la extrema derecha, por ejemplo. Que tanteen en las sombras, colocándose ante alternativas tremendas como aquellas que en otros tiempos asomaron: ¿sacrificar la Nación de los jóvenes para salvar al Estado que han creado y escogido los adultos, y antes de ellos los ancianos, y antes los muertos cuyo tiempo fue muy diferente al que atravesamos? ¿O cambiar, incluso sacrificar a ese Estado, para salvar la Nación que habitará el futuro?

Decía el antropólogo Frank Boas que, si se pretende conducir, esto es controlar la dirección de una sociedad, debemos guiarla desde el interior de su marco cultural. Porque, aterrizándolo a nuestro tema, es en ese marco donde están las raíces de la apatía, la negación de la política, el pasotismo, la fatalidad del ¿para qué? Entonces es ahí, en ese marco cultural, donde debemos zambullirnos si queremos ser parte de nuevos movimientos, remolinos, huracanes.

Es ahí donde hace falta insertar una didáctica para la comprensión del sentido y la importancia de la política en la vida cotidiana. Porque si no se comprende esto no despertará el deseo de actuar, de protagonizar, de liderar territorios de voluntades, y ni siquiera de ser parte.

La comunicación política efectiva se estructura a partir de la comprensión del marco en que actuaremos, de saber ubicar el tema del relato, ser eficientes en la construcción del discurso, el afinamiento del mensaje, la balística aplicada al vuelo de las palabras. Y potencia su eficiencia cuando es aguda en el estudio del entorno en que se insertan la apatía, el desgano.

¿Qué tan profundos son los abismos que nos separan? ¿Qué tanto el social, el económico? ¿Qué tan grave la diferencia de sensibilidades ante el desastre ecológico?

Es preciso ver el mundo como la cohabitación de los humanos con el entorno. Aprender de la paciencia campesina, de los espacios sociales aparentemente marginales. Preguntarnos si la mala leche con que actúan algunos lo es por descremada, por deslactosada, o por qué. Tener el atrevimiento de proponer nuevos escudos patrios que definan "*Liberación y Perseverancia*", o "*Aceptación y Constancia*". Soltar provocaciones, ser conscientes de que una cosa es olvidar, otra muy distinta ignorar. En suma, despertar.

El 12 de octubre de 1936, debatiendo con Miguel de Unamuno, el general Millán Astral dijo aquello de "*¡Abajo la inteligencia! ¡Viva la muerte!*" Ahí está una vez más hoy la sociedad de los jóvenes, y hacia ahí debemos enfocar la invitación a tomar partido: ejercer la inteligencia, o entregarse al fracaso como sociedad y como individuos.

Para ganar la elección, Trump tiene como necesidad dirigir su mensaje a los Estados con fuerte voto demócrata, pero con numerosa población blanca de clase trabajadora, afectada por las políticas comerciales y de inmigración sostenidas durante la administración Obama. Pero, fundamentalmente, necesita generar entre esa población, afinidad con los jóvenes. Hacer pie en la hostilidad de esos jóvenes hacia un estado de las cosas que los ha marginado, hacia la indignación de esta generación contra la clase política tradicional de la que es inseparable la candidata demócrata.

En ese frente ella también ha desplegado sus armas. Ocultando que fue parte del gobierno que firmó acuerdos que debilitaban los espacios de la mano de obra local, pasa al ataque contra el Trans-Pacific Partnership, TPP, el gran acuerdo comercial transpacífico, carta importante del entramado tejido por la administración demócrata. Pero además de asumir posiciones que la acercan a Bernie Sanders tanto como a algunas que impulsan a Trump,

Clinton apunta a ampliar una coalición de minorías de mujeres, étnias, comunidad lgbt y, fundamentalmente, jóvenes de todas las tendencias, con énfasis en los republicanos que puedan erosionar la candidatura del millonario. En esa dirección, dejando a un lado las complicadas agendas económica e ideológica, y conciliadora con el Partido Republicano, pone en el centro de la campaña el temperamento de Trump, y su retórica salvaje. Directamente o a través de quienes la apoyan, lo describe como un falso republicano, con una visión sombría del país, llegando a alabar la gestión del ícono de la derecha Ronald Reagan, y señalándole indigno de pertenecer al partido que, desde su fundador, Abraham Lincoln, sostiene valores heredados de los "*padres fundadores*", a los que Trump ha renunciado.

DÍAS VIRTUALES, CONFLICTOS REALES.

En todo el mundo el desempleo, los bajos ingresos, la criminalidad, el desarraigo, conforman lo que algunos han denominado el círculo perverso en que multitudes de jóvenes están encerrados: familia pobre – educación incompleta – desocupación – pobreza. Un círculo que interactúa con otros círculos perversos como el de falta de acceso a bienes básicos, agua potable, instalaciones sanitarias, electricidad, atención en salud. Y de ahí en más con muchísimos otros, entre estos aquel tan conectado con la sensación de "*inseguridad*" que encabeza casi todos los estudios de temas de mayor importancia en casi todas las sociedades, desde que se instaló en las creencias de la gente en los años ochenta. Ese círculo que habla de delincuencia, represión policial, justicia, cárcel, imposibilidad de encontrar empleo para reinsertarse, probabilidad alta de volver a la delincuencia, etc.

En territorios donde hubo una clase media que creía en el bien colectivo, en el progreso, en los valores, multitudes de jóvenes sin ingresos, hijos del masivo desempleo luego de la aplicación de la optimización de costos, la economía de escala y la deslocalización de fábricas y empleos hacia "*condiciones más convenientes*" para lucrar, sienten que no hay nada que permita creer en el futuro que están heredando, ni en la posibilidad de modificarlo. Para comunicarse con ellos, compartir una causa y lograr activar sus voluntades, lo primero es tener en cuenta que los discursos no existen por separado, sino, como decía Eliseo Verón, inmersos en redes de discursos que se relacionan unos con otros de diferente manera. Y a partir de esa comprensión, asumir que de lo que se trata es de comenzar procesos discursivos de largo aliento, y persistir en ellos. Poco más o menos lo que sostiene Bernie Sanders en la Convención Demócrata cuando, tras una campaña en que señaló cientos de veces lo nefasta que sería para el país una mujer como Clinton al mando, con su relación íntima con los bancos, Wall Street y la industria de armamentos, instruye a sus seguidores, principalmente jóvenes, que no se trata solo de escoger quién estará en la Casa Blanca, sino de "*mantener nuestra lucha para transformar Estados Unidos*".

El dinero erradicó a la ética, opinó el cineasta Costa Gavras sobre estos días de relativismo comiéndose viva aquella posibilidad de racionalidad finita sin la cual no podemos detectar certezas posibles a nuestro alcance. Algo que, para consuelo de tontos, viene de muy atrás, de mucho antes, si recordamos que ya Gustave Flaubert hacia el final del siglo XIX escribió, abatido por la desesperanza, que "*El futuro es lo peor del presente*", un sentimiento que los jóvenes viven invirtiendo los factores, sintiendo que, con tanta corrupción galopante, lluvia ácida, desempleo crónico y cambio climático, la prolongación de este presente es lo peor de cualquier futuro imaginable.

Entonces, en un escenario en que no hay principios sino solo fines que rápidamente van cambiando, inevitablemente se impone el pragmatismo de pensar en que solo importo yo y del resto paso. Pero como no estoy seguro de nada, ocurre aquello de que cuando uno no sabe hacia dónde va, cae en el error de creer que subirse a cualquier bus es válido.

¿Cómo se instaló en nuestras vidas esta desconexión?, se preguntan algunos desde la ignorancia, otros fingiéndola. Hay una respuesta sencilla, y tiene que ver con la comunicación de piel a piel, de ojos a ojos, de boca a oído.

En un momento del pasado cercano llegó la televisión a apagar los diálogos en los hogares, los cafés, los bares. Luego el deporte competitivo dejó de ser la emoción de solo un día, los domingos, para instalarse en toda la semana, monopolizando lo que quedaba de diálogo, al tiempo que reemplazando a la política como tema central de la vida en común.

Y lo anterior al tiempo que, tras haber sido un tema de debate apasionado, la "actualidad", que aún contenía la política, se convirtió en entretenimiento informativo, que eso pasaron a ser las noticias en este mundo en que el largo plazo es cuestión de horas. Y en el que el periodista, aquel hombre de las preguntas, ahora formateado en las universidades y con títulos habilitantes, se ha convertido en un simple enumerador de novedades o "contenidos", esto es, cualquier cosa para ocupar el espacio entre los mensajes publicitarios.

Y entonces llegó internet. Y pronto se redujo la pantalla del computador al tablet, al smartphone... El acelerador tecnológico a fondo, y la comunicación política sin lograr cerrar el círculo y reestablecer el diálogo.

DISPERSOS, PERO CONECTADOS.

... "*La experiencia no es lo que te sucede, sino lo que haces con lo que te sucede*". Aldous Huxley

Visionario, hacia el fin de los años setenta, Jean-François Lyotard veía crecer un mundo de identidades débiles, amarradas por marcas comerciales. Como obedeciendo aquella visión, hoy los jóvenes protagonizan una sociedad cada vez más dispersa, pero mejor conectada, en la que todos viven en primer plano, socializando cada instante de sus vidas, cada segundo de esas vidas fragmentadas en Facebook, Instagram, donde el narcicismo se desboca por todo el planeta con *selfies* multiplicando personalidades deseables, buscando la aprobación de los *liked* y el incremento del número de seguidores.

¿Cuántos *likes* tienes?, es la clave para saber dónde estás parado, al tiempo que solo permaneces integrado por tu acceso a los referentes tribales determinantes, *skater, apps* que has bajado, audífonos, zapatillas de marca.

En 1996 Giacomo Rizzolatti descubrió las neuronas espejo, ubicadas en los campos de la memoria y la visión, probando que la imitación de conductas, personalidades, actitudes, es innata en lo seres humanos. Ahí hay un campo de exploración, si queremos manipular a la masa apática, al que apela la campaña Clinton utilizando a la cantante de *I Kissed a Girl* y el himno de los Juegos Olímpicos de Rio, Katy Perry, como elemento central de contagio, a partir de su condición de "*reina del Twitter*": la primera persona que ha superado los 90 millones de seguidores en Twitter, por sobre Justin Bieber, cuyo apellido es el primer *hashtag* documentado en la red, que no ha alcanzado los 85 millones de *followers*. Comparando, Barack Obama, el top entre los políticos con cuenta Twitter en el planeta, no tiene más de 75 millones. Pero lo interesante a destacar es el vacío donde juega Clinton: según informa Favstar, el servicio que evalúa el uso de Twitter, la popularidad de Perry se basa en mensajes agradeciendo muestras de cariños a sus fans, o imágenes de su vida cotidiana, que son retweeteados por estos fans.

Si deseamos transformar la sociedad, dar vida a estas democracias, antes será necesario observar lo que ocurre debajo. Por ejemplo, las intersecciones de esa democracia y el mercado. Tenemos una sociedad híper conectada que busca puntos de vista ajenos y recomendaciones para asumir una opinión, adquirir un producto o un servicio, conectar con un candidato. Que consume novedades, antes que calidades, que acepta dócilmente ser educada, que interactúa cada vez más con robots, esa palabra checa que significa esclavo. Esclavos mecánicos que nos exigen "*hágalo usted mismo*", marque la opción 3, no interactúe con costosos humanos, dialogue conmigo-máquina. Y que lo acepta sin preguntarse si el próximo reemplazado por un robot no será quizás el empleo que hoy se tiene, y así mañana sus ingresos se esfumarán en el aire.

En esa sociedad se afirma con absoluta naturalidad que puede haber capitalismo sin democracia, y en algunas universidades se enseña también que no puede haber democracia en una sociedad sin mercado. Lo que permite afirmar a los profesores que no es una aberración que exista igualdad de derechos con desigualdad de acceso a necesidades primarias. Y son escasos los estudiantes que cuestionan lo que les están enseñando.

La rebeldía ya poco se interesa por el escenario electoral de la democracia. Pero surgen formas de solidaridad que en un universo que llama a la posesión de las cosas, tienen un gran potencial de producir cambios, como el compartir en internet libros sin pretender remuneración a cambio, o videos, audios, información, soluciones para problemas de la vida cotidiana, o de salud, siempre sin pretender recibir a cambio un pago.

Son tendencias cuyo desarrollo es difícil predecir por donde seguirá evolucionando, mientras la mayoría del universo joven juega los juegos sociales de efervescentes óvulos y testosterona fermentada, con independencia de sus pertenencias a esta o aquella subcultura de clase obrera o de clase media en decadencia, pero con aspiraciones, de esas que se unen a través de algunas canciones, unas cuantas señas gestuales, el consumo de esta o aquella marca.

Los dispositivos móviles, smartphones, tabletas, superaron a los computadores como plataforma mayoritaria de conexión a internet desde 2013. Y el contacto con las aplicaciones de moda ocupa hoy más de la mitad del tiempo de consumo digital de los usuarios de la mayor parte del planeta. En una reflexión que podemos asociar a esa conexión con las pantallas, Paul Virilio habla de la *picnolepsia*, enfermedad que ausenta temporalmente a la persona de los espacios, dejándola en una especie de estado de abstracción. Y ahí nos da una pista de la ineficiencia de la mayoría de los intentos de contactar con la juventud contemporánea pidiendo el voto para candidatos a través de esos espacios luminosos que son las pequeñas pantallas.

O usamos códigos nuevos, o no hay contacto. Eso es lo que hay que comprender. Pero los códigos nuevos tienen que ver también con ser nuevos en el sentido, y no solo en los lenguajes. Y es ahí donde han logrado impactar a los jóvenes las campañas de dos personas que califican en la categoría "abuelos", Bernie Sanders y Donald Trump.

LA VELOCIDAD Y LA ATENCIÓN.

La aceleración en los ritmos con que vivimos todos, pero particularmente con que viven los jóvenes, produce disminuciones radicales en la atención, cada vez más inquieta, errática, limitada en el contacto con aquello que la atrae. Como una de las tantas consecuencias de esto, no existe tiempo de digestión, de metabolización de lo que vivimos. Lo cual no es nuevo, y como ejemplo de esta afirmación una cita de Umberto Eco, que hace más de una década, pensando en internet, comentó en una entrevista: "*Parece que todo es cierto, que tienes toda la información, pero no sabes cuál es buena y cuál equivocada*".

En esa misma entrevista Eco juzga que esta velocidad provocará la pérdida de memoria, particularmente en los jóvenes, porque la abundancia de información sobre el presente no permite reflexionar sobre el pasado.

El ya citado Virilio, arquitecto y urbanista, estudioso del papel de la aceleración en la conformación de las sociedades en que vivimos, observa la democracia como el tiempo de la reflexión en común y no el reflejo condicionado que supone el sondeo de opinión. Y advierte que la revolución informática, con su propuesta de aceleración, es capaz de destruir individuos, familias, ciudades, estados.

Centrándose en la irrupción de internet, donde algunos ensayistas veían "*ciberdemocracia*", "*democracia virtual*", "*democracia de opinión*" reemplazando a la democracia de partidos, Virilio vio con espanto la dictadura de la velocidad, la tiranía del tiempo global, ese tiempo único resultante de la instantaneidad sustituyendo al espacio real, anulando los tiempos locales.

Es en el caos derivado de esa realidad donde debemos orientarnos, en ese caos derivado de la velocidad con que todo entra y sale de nuestras vidas, de la simultaneidad con que la información nueva nos toca, nos conmueve y, al repetirse, en poco tiempo nos vuelve apáticos ante ella. Y esto al tiempo que esa información que hace un instante era "nueva", es reemplazada por otra que llega a reactivar el proceso de reacciones que aquella había desatado.

Ese es el escenario vertiginoso, caótico, en que se mueve la política electoral contemporánea, y en el cual despliegan sus gracias y miserias la señora Clinton y el señor Trump. Un escenario que hace que muchos, tras informarse al paso, saquen conclusiones y den opiniones, como la de Antonio Caballero en la revista Arcadia, repitiendo el cliché de que "*todos queremos que gane Hillary porque Trump es lo peor*", calificándole de "bestia rubia" y aplicando humor corrosivo con el Diccionario de la Real Academia Española en mano, que define bestia como "*Persona que hace un uso excesivo de la fuerza física, es violenta o tiene malos modos*", para luego enmarcar "*beast*" en inglés, y citando al diccionario New Webster´s recordar que significa "*a brutal man; a filthy disgusting person*". Y entonces concluir afirmando que "*Eso es Trump: un hombre brutal; una persona asquerosa y repugnante*".

Entonces Juan Jaramillo, amigo que comparto con Caballero, me envía un mail con un link que remite a Pilar Alberdi, que nos dice: "*Donald Trump es un empresario, hijo de empresarios, también hijo y nieto de inmigrantes, que acaba de decirle a sus conciudadanos que él es "su voz". Esencialmente se lo está diciendo a la clase obrera y media, blanca. Va a intentar representarles. Y podrá o no gustar su estilo de vida, sus maneras, sus convicciones, pero hay un dato interesante, sus hijos (de diferentes matrimonios) lo quieren y lo apoyan, y están con él en todos los actos, y eso, no me parece a mí que pueda conseguirse, si de verdad no lo quisieran. Como hijos, han comentado que su padre nunca les impuso qué debían ser en la vida, y una de sus hijas ha dicho que de su padre aprendió que la palabra "imposible" es solo el comienzo de algo, un punto de apoyo para conseguir aquello que se desea. Y Trump, si algo desea en este momento, es gobernar para los americanos. Dice él que en la empresa privada ya ha conseguido el éxito y ha sido feliz obteniéndolo, y ahora lo desea para América. Evidentemente, no es un Obama queriendo parecerse a un Kennedy, es un Trump. Un empresario que en las últimas décadas del s. XX pasó serias dificultades para sacar adelante sus empresas. Por eso, supongo yo, le resultará intrascendente que a alguien puedan no gustar sus modos o sus palabras*".

LA GESTIÓN DEL CAOS.

Ilya Prigogine, que recibió un Nobel en 1977, postula que el universo se desarrolla en un proceso dinámico inestable, y amplía el espectro de la física para entender que la realidad es un sujeto de cambio, cuya comprensión depende de la acción libre del hombre.

En tanto la ciencia tradicional presupone que los efectos son equivalentes a las causas, Prigogine nos dice que ese principio funciona solo en situaciones restringidas, acotadas, pero que hay otros casos en los que grandes efectos son producidos por pequeñas causas. Y ahí está nuestra oportunidad. El estímulo correcto, y tenemos el efecto buscado. Es decir, la precisión de la piedra que David le manda a Goliat. La pequeña bola que al correr por la pendiente correcta se convierte en la gran esfera de nieve imparable.

En el mundo del cambio constante no hay verdades definitivas, solo ocasionales. Buscando posibilidades para la intención de despertar el voto joven, podemos repasar ese enfoque que observa el ejercicio de la política como una exhibición destinada a la conquista sexual. Y en la cual cobra importancia el diseño del mensaje, su presentación, su lenguaje.

En esa dirección tenemos a Geoffrey Miller, que no ve como detonante de la evolución de la inteligencia humana al tema de la supervivencia, esto es la defensa contra los enemigos y la lucha por el alimento, sino a la competencia en relación con el predominio en la elección sexual, donde lo que importa son los indicadores de mi aptitud para ser escogido. Esos signos que "*existen en un espacio semiótico de simbolismo y estrategia, no en el mundo resuelto de las producciones*", y que son determinantes porque "*en la naturaleza, el gasto involucrado en ser llamativo es la única garantía de verdad a la hora de exhibirse, y esto sucede de idéntica forma en la seducción humana*".

¿Tenemos allí una clave para lo que venimos preguntándonos? "*La selección sexual ha transformado un pequeño y eficiente cerebro de mono en uno gigantesco, ávido de energía, generando comportamientos suntuarios, como la conversación intelectual, la música y el arte en general*", nos dice Miller, a partir de su observación de la estética en la elaboración de las hachas de piedra de la prehistoria. Hachas a las que, independiente de su razón de ser, el uso, Miller, influenciado por Freud, observa como elementos de exhibición sexual masculina.

"Ser llamativo" o llamativa, sería la clave, y ahí salta de inmediato el exhibicionismo del showman Trump, pero no se queda atrás Hillary Clinton, con su botox, sus cambios de vestuario para resolver lo que proyecta como mensaje, los ajustes en el tono de la voz en sus mensajes 2016.

CAMBIA TU VIDA, MEJORA TU VOTO.

Lo que detona actitudes, antes que una racionalidad, por más bien expuesta que esté, es esa emoción que crece involuntariamente cuando se está ante un estímulo aplicado con precisión, esas provocaciones que desestabilizan envolviendo sensuales. Que hacen cosquillas en la conciencia y detonan la comprensión desde la emoción que surge cuando se cae en cuenta de que, si en las democracias gobierna la mayoría, pues resulta que hoy la mayoría son los jóvenes. Los jóvenes pobres o de clase media, sin empleo, sin ingresos, enojados con esas circunstancias algunos, apáticos los más, y otros desesperados.

Y entre esa gran corriente, la de los que aún mantienen la ilusión en alto, que quieren estudiar, que confían en que pueden tener un mundo que les calce. Y que, si asumen sus posibilidades como decisores democráticos, tienen la fuerza para cambiar el relato.

Lógica incuestionable, y disciplina en el mensaje sería la fórmula para el despertar de esos millones de votos. Hacia ahí apunta una estrategia como la de Clinton. Pero los tiempos que vivimos parecerían indicarnos que necesitamos aproximaciones más radicales. Y ahí se enfoca la de Trump.

Estamos en una sociedad de gimnasios, centros comerciales, ingeniería genética, a la que Byung-Chul Han denomina *La sociedad del cansancio*. Una sociedad que clasifica como "*sociedad de rendimiento*" y no disciplinaria, que sería la que aún permanece en nuestros países con su estructura de cárceles, cuarteles, fábricas y hospitales psiquiátricos, basada en la negación, la represión, la prohibición.

Si aquella sociedad, según Foucault, producía locos y criminales, la del rendimiento produce depresivos y fracasados, observa Han e ilustra: "*La sociedad de rendimiento se caracteriza por el verbo modal positivo poder (können) sin límites. Su plural afirmativo y colectivo «Yes, we can» expresa precisamente su carácter de positividad. Los proyectos, las iniciativas y la motivación reemplazan la prohibición, el mandato y la ley*".

Reducida la cantidad de individuos con espacios de producción activos, se ha sustituido el paradigma disciplinario por el de rendimiento, "*por el esquema positivo del poder hacer (Können), pues a partir de un nivel determinado de producción, la negatividad de la prohibición tiene un efecto bloqueante e impide un crecimiento ulterior*". Y por este camino concluye en que la positividad del poder es mucho más eficiente que la negatividad del deber. Cualquier parecido con la estrategia demócrata y el giro asumido por la Convención de Filadelfia no es casualidad.

El sujeto de rendimiento es más rápido y más productivo que el de obediencia, es el hallazgo. Con la advertencia de que el poder no anula el deber, esto es, que en tanto se activa la pulsión del "poder", el sujeto del rendimiento sigue mansamente disciplinado, sometido al deber.

Un análisis que aclara la oscuridad en torno a ¿Cómo irrumpir rápidamente en la apatía electoral de los jóvenes e instalarnos despertando interés, debate, militancia, movilizaciones apasionadas, votos?

Empoderando, es la respuesta. Pero ¿cómo hacerlo?, es la pregunta que sigue y nos vuelve a dejar en el primer interrogante. Un interrogante engarzado en la comprensión de que lo que necesitamos son procesos de cambio, tiempos largos, modificaciones culturales y no solo *fast push*, motivación de corto plazo. Aunque esta también es efectiva, cuando se plantea acciones concretas, como viene utilizando el Partido Demócrata desde Obama 2008, con los múltiples operativos enfocados a la movilización de jóvenes para votar y para convencer a otros de votar.

Los estudiosos de las religiones saben que en la versión tradicional de estas, el éxito requiere de fe, doctrina, culto colectivo y la existencia de un ser superior, o en su defecto un guía supremo. Esto sigue vigente pero el *aggiornamento* de nuevas iglesias cristianas, tanto como de corrientes musulmanas, nos indica que el enfoque que hoy logra conexión y movilización tiende a ser aquel que detecta algo, un motivo, un sentido, que aún nadie había detectado.

En una cultura sacudida por la presión de reivindicaciones femeninas frente al anterior predominio masculino, que se ha ido expresando en muchos aspectos como un debilitamiento progresivo del papel dominante que venía ejerciendo el hombre en una cantidad de planos sociales, apareció en Estados Unidos el movimiento integrista cristiano de los Guardianes de la Promesa. Enfocándose en retomar la autoridad masculina en las familias a través de un buen comportamiento cristiano, este movimiento se convirtió con rapidez en una cruzada de cientos de miles de hombres de clase media y media alta, la mayoría de ellos jóvenes, que, liderados por un antiguo entrenador de fútbol americano, disciplinadamente mostraron sus convicciones concentrándose para rezar por Dios y la familia, protagonizando enormes concentraciones en Denver primero, luego Washington.

Es un ejemplo que muestra un despertar desde el fondo, y es posible que sea eso lo que hace falta. Narendra Modi, derrotó a la dinastía Gandhi y a su Partido del Congreso proponiendo en India más eficacia, menos burocracia y "*cero corrupción*". Nada demasiado original, en principio. Pero venía de una exitosa experiencia regional que le daba credibilidad a la propuesta. E insertó esa propuesta en medio de un sorprendente cambio de reglas, una disruptiva idea, proponiendo que quien quisiera escucharle, solo podía hacerlo pagando entrada para asistir a sus presentaciones. Y logró una potente respuesta, particularmente entre los jóvenes, porque hizo sentirles que estaban en presencia de un hombre honesto, transparente, cuyo tiempo realmente valía. Y al percibirse esto se instaló de forma natural el posicionamiento racional-emocional de que Modi era el hombre que se necesitaba para enderezar el rumbo de la política y de India.

Aplicando el conocimiento de que la racionalidad del elector decrece a medida que las situaciones sobre las que recibe información le resultan más lejanas y abstractas, Modi fue sencillo y contundente, poniendo en práctica aquello de que, al revés de lo que ocurre con las noticias cotidianas, donde el interés tiende a centrarse en dramas o escándalos, las noticias políticas electorales deben ser buenas, esperanzadoras: "*Sí Se Puede*", "*Yes We Can*".

No son formas, es el sentimiento de conexión con un sentido profundo el que logra despertar el voto. Quizás sea eso lo que falta comprender, inmersas como están las campañas en la presión del querer despertar la participación de la gran masa de votantes jóvenes que hoy se abstienen. Esos jóvenes que en cada sondeo de opinión manifiestan su desinterés, y más que eso su tremendo rechazo a cualquier posibilidad de acercamiento al escenario político. Pero que están abiertos a confiar si aparece alguien que inspira confianza.

A Barack Obama le preguntaron en televisión si había inhalado el humo de la marihuana cuando la fumó, y el respondió "*De eso se trataba, ¿no?*". Esa sinceridad, esa franqueza, genera en los jóvenes credibilidad, confianza, deseos de marchar bajo el liderazgo de ese hombre. Algo muy diferente a lo que provocó Bill Clinton durante su primera campaña presidencial, en 1992, cuando confesó que había fumado marihuana, con la reserva de que lo hizo en Oxford, Inglaterra, no en territorio americano, y por tanto no había violado "*ninguna norma estatal*", y además no la había inhalado.

PROTAGONIZAR,

PARA NO SEGUIR SIENDO VÍCTIMAS.

Hay escenarios radicales en sus realidades. Hace unos meses, en el Samborns de azulejos del primer cuadro del DF mexicano alguien, con un diario La Jornada en la mano, leía en voz alta un artículo sobre "*los 43 de Ayotzinapa*", que hablaba de que muchos son los agravios que padecen los mexicanos: "*nos exprimen como asalariados, como agricultores; negocian los recursos naturales que son de todos, aplastan nuestro derecho a trabajar, a comer, a estudiar, a curarnos, a habitar, a crear y disfrutar del arte. Pero hay un agravio peor*", decía el texto leído, "*un agravio dirigido contra nuestras mentes, nuestros corazones y nuestros cuerpos, y es el de que nos han hecho víctimas, de la violencia del estado, de la del narcotráfico, de la de la policía y el Ejército, del miedo a ser la próxima víctima*".

Más tarde compré el diario y leí en la misma u otra nota, a alguien que reflexionaba sobre el hecho de vivir en un país de jóvenes que no educa a sus jóvenes, que no los emplea, que los mata. Y leí sus afirmaciones tremendamente claras, de que nadie debería morir entre los 15 y los 25, y su queja: "*pero aquí muchos mueren por violencia en ese rango de edad. Jóvenes son los muertos y los secuestrados de Ayotzinapa; jóvenes la mayoría de los más de cien mil muertos y veinte mil desparecidos que ha dejado la masacre iniciada por Felipe Calderón y continuada por Peña; jóvenes los narcos que se torturan, balacean y despedazan luchando por los territorios; jóvenes los soldados, jóvenes los sicarios, jóvenes las víctimas accidentales… En México se mata a los jóvenes y los jóvenes se matan los unos a los otros. Toda muerte duele, pero la muerte de un joven duele más porque es la muerte de una vida por vivir*". Conservo este fragmento de la columna que corté del diario a mano alzada, y se quedó fuera el nombre de quien la firmaba, memorable por la claridad de sus palabras.

Ese es el público joven de América Latina tanto como de los barrios de Chicago, Detroit, Los Ángeles y todas las grandes ciudades norteamericanas. Esos jóvenes son los necesarios para construir el futuro de estas sociedades y al que entregamos por omisión a aquellos que los niegan exterminándolos a bala, como lo hacen los policías de Estados Unidos. Jóvenes que reconocen la necesidad de participar con pasión en nuestras sociedades, militando en pos de causas que los conmueven, que despiertan su bronca, sus sueños de otras realidades. Y a los que reprimimos, en vez de motivarles.

Recuerdo a los jóvenes argentinos identificados como "*Hijos e Hijas por la Identidad, la Justicia, contra el Olvido y el Silencio*", que hacia los últimos años noventas "*escrachaban*" a los genocidas del régimen militar, asediando sus domicilios, denunciando que ahí vivían esos criminales, repartiendo volantes con los datos del militar, lo que había hecho, un mapa con la ubicación de su casa y un globito de látex para llenarlo con pintura y arrojárselo a la casa, marcando su infamia.

Recuerdo a los que se movilizaron luego de la caída del gobierno De la Rúa y el "*corralito financiero*", convocando a arrojar mierda, animal o humana, contra las fachadas de todos los bancos. Y también recuerdo iniciativas jóvenes en las que el motivo no era la negación, el rechazo, sino el reclamo de más escenarios para compartir en las ciudades, más acceso a internet en los parques, los colegios, las universidades, más espacios en los medios para debatir sobre los temas que nos están afectando y cómo responder a ellos…

Si bien las reacciones ante lo negativo tienen el potencial de movilizar rápidamente voluntades, el territorio importante a habitar es el de la propuesta de otras miradas, otras conductas, otras posibilidades. El que construye, el que muestra caminos no transitados. Y ahí, retórica incorrecta aparte, indudablemente califica la irrupción de Trump proponiendo transformar la forma en que se estaban aceptando las cosas, para volver hacer a "*América*" aquella "*Gran América*" del mito. Ese mito sobre el que cuajó la identidad de la mezcla, aunque ahora excluyendo de ella a "*potenciales terroristas*" musulmanes y "*mano de obra barata*" mexicana.

TÚ DECIDES EL MUNDO.

En algún pasado, trabajando para un grupo de ONGs una propuesta de diálogo con la juventud latinoamericana, en un momento del análisis de escenarios descubrí un concepto: "*Tú decides el mundo*", y decidí explorarlo. Ponerlo en juego suave, etéreamente, en una deriva, no forzando, dejando que se instale y sea, casi imperceptible en la rutina cotidiana de noticias y sobresaltos. Lo exploré en un escenario de prueba, antes de presentarlo a las Organizaciones No Gubernamentales, y los resultados fueron contundentes. La fuerza que emanaba de la comprensión de ese solo mensaje, "*Tú decides el mundo*", despertaba la voluntad, las ganas de actuar, de transformar realidades.

Luego estas ONGs no tuvieron el presupuesto necesario para poner en marcha aquello a gran escala. Pero quedó la experiencia. Y esa experiencia enseña por qué el voto joven no despierta si no hay ese tipo de estímulo que detone sin forzar, y ese espacio de tiempo necesario para incorporarlo como una atmósfera, y no como una novedad que atropella, que domina un instante, y así se pierde en la mecánica del reemplazo por nuevas novedades.

Aunque a los jóvenes les pongan delante un candidato con buena imagen, buen discurso, experiencia política, respaldado por un partido político fuerte, con buena maquinaria electoral, con muchos recursos económicos, aliados de tremenda influencia y la mejor logística para el día del voto, si no hay aquel proceso no hay nada. O, mejor dicho, puede que haya un resultado en un momento, pero no habrá continuidad, será preciso comenzar otra vez cada vez, cargando además el peso de un "público" defraudado.

Estudiando la historia de los procesos electorales en diferentes países encontramos una constante, y es la de que existen dos fuerzas decisivas, una la de la inercia, y otra la tendencia a lo diferente, nuevo, el cambio. También vemos allí que la identificación del electorado con partidos o candidatos es siempre inestable. No hay alineamientos, no hay lealtades que prevalezcan si una propuesta de continuidad, Clinton, se enfrenta a otra de cambio que coincida con una inquietud latente en el electorado. Y aquí debe observarse qué tanto coincidió Trump con el conjunto de esa inquietud, más allá del componente desempleo, sentimientos de ser desplazados por minorías extrañas, rechazo al *establishment*.

Quienes trabajamos en este territorio sabemos que el trabajo eficiente de un asesor estratégico en el campo electoral tiene como piezas claves una buena metodología de investigación, con puntos de búsqueda bien enfocados; un diagnóstico acertado; diseño estratégico adecuado; el flujo de presupuesto necesario; la acción coordinada; supervisión, corrección y ajustes. Cuando esas piezas encajan como deben, todo tiende a comportarse como pretende quien pone el proceso en marcha. Pero esto que funciona de forma eficiente en relación con aquel electorado que está dispuesto a participar, muy pocas veces ha tenido la capacidad de movilizar al gran componente joven de la sociedad. Y no la ha tenido porque trabaja siempre sobre la urgencia, tiempos cortos, y nunca encarando verdaderos procesos de cambio, operando sobre el tiempo largo.

En 1918, convocado por Theodore Roosevelt, Albert Lasker, uno de los "padres" de la publicidad moderna, colaboró con el Partido Republicano en las elecciones legislativas de Estados Unidos. Durante esa colaboración, Lasker comprendió que en el terreno político los resultados no deben buscarse solo con un trabajo táctico, trabajando sobre lo inmediato, sino con uno estratégico, un mapa apuntando a mover el largo plazo. Que la táctica es cuestión de disciplina, y la estrategia de inteligencia enfocada.

"*Every day is an election day*", dicen en Estados Unidos, y aterrizado a las palabras de Dick Morris esto se traduce en que siempre estamos en campaña. Solo persistiendo en la iniciativa, motivando desde un enfoque adecuado, se conseguirá poner en movimiento el voto joven tan buscado. Trabajar sobre el largo plazo es la clave para los procesos que mueven el fondo, porque solo a partir de ahí se puede modificar de manera trascendente la superficie de lo cotidiano.

Conferencia en la Universidad Autónoma de Santo Domingo, República Dominicana, junio 2015, revisada, *aumentada y reeditada en el contexto del escenario Clinton vs. Trump, agosto 2016.*

5. SI QUIERES GANAR NUNCA PIENSES QUE EL TITANIC ES INUNDIBLE.

Los finales electorales de triunfos casi microscópicos, esos que en hípica se denominan cabeza a cabeza, y cuando son más estrictos, de triunfos por un hocico, son la nueva tendencia que nos muestran las elecciones en todas las latitudes. Si Kuczynski le ganó a Keiko Fujimori 50,12% contra 49,88%, la elección presidencial de mayo 2016 se definió en Austria 50,3% por el candidato verde van der Hellen, 49,7% por el de la ultraderecha, Norbert Hofer. Pero allá, ante el reclamo del FPÖ aduciendo que hubo recuentos de votos en ausencia de responsables de las mesas electorales, y apertura de sobres del voto por correo antes de tiempo (el 14% del censo electoral votó por este medio), el tribunal electoral invalidó los comicios, justificándose en el argumento de fortalecer "*la confianza en la democracia*", al tiempo que advertía que no podía repetirse una situación como esta, ya que "*las elecciones no son un juego*".

Al margen de leer países divididos, electorados polarizados, etc., lo relevante es la incapacidad de llegar con una diferencia suficiente, si no holgada, al momento del voto. Los finalistas de estas elecciones estaban provistos de todos los elementos iniciales para ser indiscutibles triunfadores. Usando la metáfora del gran barco transatlántico, tenían el diseño, los materiales, la ruta, todo lo necesario para llegar al puerto deseado. Pero más que haber caído en un error, o un fallo, cayeron en una estimación de elementos descuidada, en una pérdida de ritmo en momentos clave, en una desaceleración equivocada, o una aceleración inoportuna de los tiempos y sus énfasis. Es suma, en aquello que suele denominarse "*errores de cálculo*".

Y el primer error consistió en pensar que el partido se había ganado antes de salir a jugarlo, como suele ocurrirles a algunos clubes que están en la punta de la tabla y pierden encuentros que se presentan "*fáciles*", ante equipos débiles, e incluso ante los últimos de la tabla.

Se cuenta con todo un potencial por delante, las condiciones de partida son inigualables, el mascarón de proa está muy bien diseñado, los engranajes son adecuados, el blindaje da garantías, el candidato está *en la plenitud de sus encantos viriles*, como decía Benito Mussolini. Y en la perfección de ese mismo momento se comienza a diseñar la catástrofe. Porque empiezan a tomarse decisiones equivocadas, en la confianza de que el hermoso, poderoso, magnífico Candidato Titanic, es inundible.

El destino iceberg nunca es accidente. Siempre tiene responsables que lo han hecho posible, en general sin darse cuenta de lo que hacían, a través de análisis incorrecto de los datos disponibles, evaluaciones precipitadas de sorpresas coyunturales, confusión en los contenidos del discurso, mensajes mal enfocados, reacciones desenfocadas. Y, por encima de lo anterior, está hecho de una gran dosis de soberbia, que se vuelve una suerte de velo en la inteligencia del candidato, el equipo, el partido, que no les permite ver lo que está ocurriendole a una campaña hasta que ya es definitivamente tarde.

El Candidato Titanic tiene todo para ganar, y por eso en un principio aparece como el ganador incuestionable. Pero no tiene, o sus asesores no le han suministrado, los insumos para adquirir la necesaria mirada de 360 grados, ni la profundidad emocional para sentir a los ciudadanos, y, sobre todo, no entiende en qué momento del mundo camina. Repite cosas que ha oído repetir, o que antes han funcionado una y otra vez, sin instalarse en el contexto, en la piel y el estómago, en los riñones de los ciudadanos, de esos que espera le den el voto, pero a los que no interpreta, quizás porque no se siente parte del mundo de ellos, porque solo pretende usarlos. Es en esa falta de respeto o sensibilidad donde se embosca la mayoría de las veces el iceberg.

Hace unos cuantos años, cuando los presidentes mexicanos comían en el restaurant Prendes, escuché a un político de aquellos que se mantienen por años y años "*sosteniendo el hueso hasta la ignominia*", dar una cruda descripción de un colega: "*Como es de izquierda no puede decir las cosas de forma sencilla*". Y explicó que ahí patinaba siempre el compadre.

Lo tienes todo, eres magnífico, grande, imponente, tienes la tripulación adecuada, la carta de navegación impecable, pero te hunde el primer iceberg pendejo que se cruza en tu camino y se te clava en las entrañas, diría aquel político mexicano. Y a continuación se burlaría de tu "*cuarto de guerra*" bien provisto, con trago, bocadillos, grandes pantallas, veinte asesores, hasta finalmente decirte *güey*, escuchas demasiadas voces, no supiste escoger la voz principal, la que pone orden, y te das en la madre porque no sabes por cuál guiarte.

El timonel de la estrategia es fundamental en la navegación. Y debe saber administrar las oscilaciones, a veces sutiles vibraciones, de la relación entre su candidato y la intención de voto que miden las encuestas. Cada candidato experimenta un subidón en estas tras la Convención que lo ha colocado oficialmente en carrera. Cuatro días de discursos, partidarios entusiastas de todo el país que ven confirmado lo bueno que son ellos y su candidato, lo horrible de los otros, cobertura total en los medios, y todo eso dispara las encuestas a favor de la estrella de la convención. La semana siguiente llega el otro show, y el que subió antes, ahora es noticia de ayer. En ambos casos el cuarto día ya ha enterrado por completo lo que sucedió el primero, esto es que en el caso de uno se haya visto enrarecida la apertura por un plagio, y en el otro por la filtración de miles de correos electrónicos de miembros del Comité Demócrata Nacional demostrando, 24 horas antes del comienzo de la Convención, quedando claro que la dirección del partido había saboteado la campaña de Sanders para que ganara Clinton. Un episodio para nada menor.

Rápidamente el aparato demócrata, con Obama a la cabeza, sale a acusar a los amigos rusos de Trump por el *hackeo* y la difusión de los correos a través de Wikileaks, cuyo fundador, Julian Assange tiene motivos de sobra para no apreciar a Hillary Clinton y su obsesión para extraditarlo y hacerle pagar la enorme filtración de documentos que este hizo en el pasado a través de la red. En una entrevista en la cadena NBC, el presidente Obama no descarta que su homólogo ruso, Vladimir Putin, estuviera directamente implicado, intentando influir en las elecciones estadounidenses, interpretando la acción como una retribución a la "admiración" expresada por Trump hacia el líder ruso, y su respaldo a la ocupación de la península de Crimea.

Putin negó cualquier relación con el hecho, diciendo que era absurda la argumentación desplegada por la campaña Clinton, que basada en una ola de opiniones de expertos en servicios secretos de la Federación Rusa, afirmaba que la forma de operar, con un equipo que crea una grieta en el sistema y otro que accede a continuación, señalaban directamente al *modus operandi* del Glávnoe Razvédyvatelnoe Upravlénie, GRU, el servicio secreto ruso.

La reacción burlona de Trump, recogida por el diario The New York Times, no se hizo esperar: "*Rusia, si estás escuchando, espero que seas capaz de encontrar los 30.000 emails que están perdidos*", dijo arriesgando clavarse en su iceberg si era obviado su sentido burlón, por lo que enseguida agregó que veía el ciberataque y la filtración como una muestra contundente de "*lo débiles que somos como consecuencia de las políticas de este presidente y de su ex Secretaria de Estado; es una señal del poco respeto que genera hoy el país*". El equipo de Clinton, como era de esperarse, replicó con un comunicado que apuntaba a la línea de flotación, traición a la patria, etc.: "*Esta es la primera vez que un candidato presidencial relevante ha alentado activamente a una potencia extranjera a llevar a cabo el espionaje de su oponente político*". Y la aguja de las encuestas dictaminó error de Trump.

Días después, cuando un sondeo encargado por la cadena Fox News indicaba que 12% de los votantes registrados como republicanos pensaban votar por la ex secretaria de Estado, en tanto solo un 5% de los demócratas señaló que votaría por Trump, la campaña Clinton se lanzó a cazar líderes republicanos insatisfechos con su candidato, para a través de su influencia afirmar esos votos rebeldes. Y la diferencia de puntos se agrandó.

Sin embargo, la economía estancada, la opinión mayoritaria de que las cosas no van bien, el mundo hostil a merced del terrorismo internacional, la creencia latente de que hay responsabilidad de parte de una administración demócrata de ocho años, hacen que

Clinton no sea la mejor opción. Todo el ataque que Trump concentre en ella, puede destruir su opción, es obvio. Una campaña acerca de Hillary es carta indudable de triunfo para Trump. Pero él ha demorado en tomar la decisión de concentrar su fuego allí.

No es una campaña convencional la que favorecerá a Trump, opina Chris Cillizza en The Fix, el blog político del diario The Washington Post, y afirma que este perderá si "*lleva a cabo una campaña normal, guiada por la sabiduría convencional*". Y a continuación sugiere que, si Trump ataca la vida personal de los Clinton, casi seguro tendría un póker ganador. La fragilidad de las posiciones en la carrera es total. Cabeza a cabeza, hocico a hocico, nadie sabe la siguiente semana qué dirá.

La democracia no luce en su mejor momento, golpeada en muchos países por intereses financieros y corporativos que la han desplazado de muchas esferas de decisión, dejándole en demasiados casos solo el nombre y los ritos electorales. Pero parte importante de la tarea de un estratega es ayudar a recuperarla con brillantes campañas, descubrir claves nuevas, y actuar en ese espacio, podría ser una definición.

El estratega frío, pragmático, pero consciente de los sentimientos en juego, de las pasiones en trance de ser desenvainadas, de todo aquello que puede provocar daño y dolor, entra a una campaña para planificar el camino, pero también para corregir el paso mientras se está caminando, a fin de evitar daños colaterales en el entorno tanto como en el interior de la campaña.

El estratega es el cerebro. El cerebro no siente dolor, saben los neurocirujanos. Por esa condición de ajeno al drama, cuando un buen estratega entra en contacto con un candidato Titanic, es objetivo en la medición de los favorables con que cuenta y los desfavorables que carga, y eso le permite ser preciso en la evaluación de la magnitud del daño al que pueda enfrentarse, para prever lo que sea necesario a fin de evitar colisionar con el iceberg.

Pero, así como no hay barco inundible, no hay iceberg que no pueda evitarse, ni del que no se puedan controlar los daños que pudiera causar en tu línea de flotación, particularmente si se reacciona a tiempo. No hay accidente que sea señal de la inminencia de un colapso, y por eso es importante que no se sobredimensione la reacción. Esto es, que no se opte por el marco desesperado de creer que debe actuarse para "*salvar algo más grande*", olvidando que el drama central en cada coyuntura no es lo que vendrá, sino lo que está sucediendo.

Las cosas no son relevantes por sí mismas, sino por lo que engendran, podemos decir. Pero aquel niño que aparece corriendo detrás de una pelota cuando tu automóvil va a 200 kph, requiere un tipo de reflejos que no todos tienen. Un Tesla de piloto automático suele equivocarse porque evalúa lo predecible, pero no tiene respuestas para lo que no entraba en los planes, el accidente inesperado.

El buen momento, que se traduce en positiva sintonía, popularidad, aprobación, intención de voto, es de muy baja gradación en estos días. Dicho de otra manera, la fecha de caducidad de las fotos fijas cada vez es más corta. Para todo, todas y todos. Tal cual lo describe la frase tropical, "*se sube como palma, se cae como coco*".

SIEMPRE HABRÁ UN ICEBERG AL ACECHO.

Los icebergs flotan porque el hielo es menos denso que el agua. Y aunque tienen un volumen imponente ante la vista, lo que no se ve es muchísimo más grande, porque ese volumen es solo una octava parte de la masa total que tiene esa montaña-isla.

En cuanto al Titanic, construido entre 1909 y 1911 en un astillero de Belfast, era el transatlántico más grande del mundo, y también el más lujoso, y el más potente. La naviera White Star Line lo encargó para liderar la navegación del Océano Atlántico con un barco capaz de desplazarse a una velocidad nunca vista para las grandes embarcaciones.

Zarpó de Southampton con destino a Nueva York, pero a poco del desamarre en el puerto, la medianoche del 14 de abril de 1912, se encontró un iceberg delante de la proa. El capitán ordenó maniobra a la izquierda para esquivarlo, pero era tarde ya, el gran barco recibió el impacto de la masa de hielo, volaron los remaches, se abrieron espacios para que penetrara el mar, y en horas el Titanic se fue al fondo. Atrás, o allá abajo, quedaron más de 1500 personas muertas, desde millonarios de la primera clase a pasajeros de las cubiertas inferiores.

A partir de entonces el Titanic sirve para describir una actitud, la del caballo que parte con todas las condiciones para ganar, y por estar tan seguro de ese destino pierde la carrera porque se distrajo con una mariposa, se torció un tobillo, o un pasto le cayó mal y el dolor de estómago ganó a las ganas. En política se aplica a las maravillas: es Keiko Fujimori en Perú, Marina Silva en Brasil, David Cameron creyendo que el Brexit no pasa en Gran Bretaña, etcétera. Surge de pronto alguien desde allá atrás, del fondo, de ese lugar que nadie mira porque ahí no están apuntando las cámaras, y la metáfora del Titanic y el iceberg vuelve a cobrar actualidad.

Hay una fuerte tendencia a ser Titanic en los candidatos de provincia, construidos a sí mismos en el espíritu del negocio familiar, poco dados a reconocer los síntomas del cambio alrededor. Pero también la hay en gente como Hillary Clinton o Donald Trump, candidatos dotados de todo para ganar, que escuchan tantas voces que hay momentos en que ya no saben quiénes son. Y la hay en todo el mundo, encarnada por esos candidatos simpáticos, fotogénicos, dados a los abrazos, que no se preocupan en pensar por sí mismos, que al comienzo de sus carreras parecería que a lo máximo que aspiran es a hacerse un sitio en la dirección del partido para tener un espacio de autoridad y poder maniobrar mejor. Que buscan algunos hombres no muy inteligentes a los que guiar, dirigir, manipular, utilizar. Y luego se ocupan de dar un braguetazo, o emboscarse esperando la oportunidad de pasar por sobre las estructuras del partido, montar uno nuevo, ampliar el espectro, tomar otra dirección.

Y entonces, cuando todo indica la inminencia del triunfo, se confían, se sienten sobrados, escatiman inversión, creen demasiado en la encuesta que los mostró *ad portas* del puesto deseado, y se estrellan. Porque les gana el ego, o escuchan demasiado a la corte que les rodea, o creen que no necesitan de aves negras, es decir de quien pudo haber comprendido el peligro que acecha, y que anticipándose puede corregir el curso de colisión. Pero no se le quiere escuchar.

"*No hay que dar nada por hecho*", dijo Obama en Londonderry, New Hampshire, tras el último debate de la campaña con que ganó la presidencia por primera vez. "*Cada voto es importante. Deben seguir haciendo llamadas de teléfono, hablando con sus vecinos, con sus amigos*", pidió a sus seguidores con insistencia. Y como respuesta sincronizada la campaña aumentó el envío de mensajes a sus simpatizantes para lograr un esfuerzo final, pidiéndoles que se trasladaran algunos fines de semana a estados no del todo asegurados, como Virginia o Pennsylvania, para ayudar al logro deseado, encontrándose cara a cara con votantes indecisos, como voluntarios del programa *Get Out The Vote* (consigue el voto).

El equipo del demócrata aprovechó el interés que despierta la noche electoral para recaudar fondos. Envió masivamente correos electrónicos solicitando una última donación para cubrir deudas de la campaña, ofreciendo un premio: Cinco donantes serían elegidos para estar en Chicago, compartiendo con Obama la celebración, con asiento en primera fila, vuelo y hotel pagados. "*Así podrá decir a sus amigos y familiares que usted ayudó a hacer historia*", terminaban los correos.

La conciencia de la posibilidad de un iceberg debe estar despierta en todo momento. Porque nunca se sabe cuándo puede presentarse, y porque el iceberg puede ser tan pequeño como una cáscara de banana emboscada en el piso que vas a pisar. Esto es, no necesariamente tiene que ser del tamaño de una catedral, también puede ser un dato olvidado en un rincón oscuro de la biografía, un recuerdo que el mismo candidato olvidó, una decisión equivocada alguna vez, o un error que otro cometió por él.

Los tiempos de una campaña son estrechos, y es preciso aplicar vigilancia y control a cada paso que vamos a dar, para no tropezar en algo de lo que quizás no podamos recuperarnos. Particularmente ante ese electorado indeciso que se movilizará por una opinión, o una emoción, y no por una militancia, y al que siempre debemos observar bajo aquella premisa del "*máximo impacto con mínimo presupuesto*". En otros términos, precisión, porque no es inteligente confiar en el margen para error. Los votantes que están con nosotros nos perdonarán muchas veces, pero los nuevos que necesitamos tener, no tendrán piedad. Y una vez dado el paso en falso, la dificultad en corregirlo crecerá y crecerá, excepto que tengas la capacidad de tragar error que ha demostrado Donald Trump.

Los electores solo asimilan datos que confirman lo que ya creen, descubrió el psicólogo de la Universidad de Emory, Drew Westen. Al ser expuestos a las contradicciones de su candidato preferido, los fieles partidarios emplean áreas del cerebro relacionadas con el control de las emociones, como la corteza frontal. Usan la razón para preservar la certidumbre de su preferencia política. Traducido al territorio, en un chequeo de comprobación del descubrimiento Westen encontró que durante la presidencia Clinton el déficit del presupuesto disminuyó en más del 90%, pero el 55% de los electores republicanos estaban convencidos que el déficit se había incrementado. Es en ese filo donde maneja su juego de errores para sortear los icebergs Trump.

ERRORES EN LA CARTA DE NAVEGACIÓN, Y LA LÍNEA DE FLOTACIÓN EN CRISIS.

Platón hablaba de las tiranías surgiendo por voluntad de las masas, cuando estas se cansan del "*exceso de libertad*" y el caos generado por la diversidad de opiniones respetada por la democracia. Lo cual parecería conducirnos a lo que dijo alguna vez Diego Armando Maradona: "*Estamos como estamos porque somos como somos*". O a que el pueblo es aquella parte del Estado que no sabe lo que quiere, como afirmaba Hegel.

Algunos estudios de universidades con buena reputación cuentan que cuando la gente está satisfecha con lo que vive no acude a votar, pero cuando aumenta el desempleo, la desigualdad, el deterioro en la vida que viven, la insatisfacción los lleva a votar. Esto es, se movilizan para votar en contra. O votar por una irrupción, un *outsider*, un discurso radical. Porque están enojados rechazan todo lo conocido, quieren ver rostros nuevos, candidaturas antisistema, discurso radical. En suma, suben los conflictos de la sociedad a la política.

Por eso las viejas palabras "*nuevo*" y "*cambio*" siguen funcionando como siempre, repotenciada la segunda, "*cambio*" ahora como casi infalible *password* electoral.

La fidelidad a una continuidad se origina en una palabra central del derecho romano, *fides*, que significaba "*fiat quod dicitur*", haz lo que hayas dicho que vas a hacer. Todo lo social se basa en eso, está construido con eso, "*hasta el punto que el dinero, tal y como técnicamente se llama, es dinero fiduciario, dinero basado en la fe*", nos recuerda José Antonio Marina hablando de esto.

¿Cumplió Obama con lo que prometió hacer? Es alto el número de quienes están desencantados con las promesas que compraron, y por eso se sienten enojados, quieren castigar a quienes se las vendieron, tanto como a quienes pueda identificar como causantes de sus males. Y ahí está la fragilidad de aquel número, 5% de demócratas que dicen no votarán por la continuidad.

Hubo una época, hace menos de medio siglo, en que las discusiones sobre el mundo eran una de las actividades preferidas de los jóvenes, y se hablaba de lo que se vivía en todas partes. Particularmente entre los ciudadanos de piel negra que en los Estados Unidos de la libertad y la democracia eran obligados a viajar en la parte trasera de los buses, a no usar los mismos baños públicos que los blancos, y tenían su vida en sociedad marcada por múltiples prohibiciones más.

En ese país apareció un hombre que boxeaba como ningún otro hasta entonces, pero que además pensaba, y soltaba frases memorables. Mohammed Ali era su nombre, y decía cosas como "*No cuentes los días: consigue que los días cuenten*". O aquella otra que años más tarde se volvió lema de una campaña publicitaria de zapatillas alemanas: "*Imposible es solo una palabra que utilizan los débiles que encuentran más fácil vivir en el mundo que les han dado, que explorar el poder que tienen para cambiarlo. Imposible no es un hecho. Es una opinión. Imposible no es una declaración. Es un desafío. Imposible es potencial. Imposible es temporal. Nada es imposible*".

Ali aprovechaba toda entrevista, toda oportunidad para poner sus ideas al servicio de la lucha por la paz, la oposición a toda guerra, los derechos civiles, el alivio para los que sufren miseria. Estando en esa actitud se le invitó a hablar a una gran multitud, y su discurso pasó a la historia por la brevedad y la fuerza condensada en dos palabras. Solo dijo, en voz suave, de bajo volumen, como acariciando la conciencia de la multitud que le escuchaba: *Me. We*. Ustedes, yo. No hacía falta nada más, era un anillo perfecto lo que expresó, la clave era esa unidad.

La sensibilidad y la capacidad de sostener la sintonía con el entorno y con cada uno de sus componentes, es vital en una campaña política. Un gesto inapropiado en un momento crucial, y se puede romper esa sencilla unidad que es la única certeza de fidelidad profunda, verdadera, que tenemos.

La campaña por la relección de Obama puso en juego instrumentos como *La Vida de Julia*, un personaje que, a través de una serie de viñetas interactivas, mostraba cómo se benefició de las diferentes medidas económicas y sociales aprobadas por el presidente en los últimos tres años. Y ponía en evidencia las dificultades que encontraría si prosperaran las propuestas republicanas, como quedaba en evidencia al comparar el programa de becas de la Administración Obama, que permitió a Julia acceder a la universidad, y en el otro lado los recortes de impuestos para los ciudadanos más ricos propuestos por los republicanos, con los que no podrían financiarse los diez millones de préstamos que necesitaban los estudiantes para hacer realidad un futuro profesional.

El personaje era imaginario, las medidas de Obama, las barreras republicanas, eran reales. Y aunque los republicanos se burlaron de la serie, Julia logró que el tema se centrara en los beneficios para las mujeres logrados con Obama, convirtiéndose en importante herramienta para conquistar el voto femenino.

La disputa entre Obama y Romney también se dio en los videojuegos online, medio clave para acceder a los votantes varones que rondan los 30 años. Las dos campañas colocaron publicidad en este territorio de alta puntería que permite el *microtargeting*, y donde el jugador seleccionado para el impacto está concentrado, y por tanto es más vulnerable a la presencia de mensajes. La diferencia fue la precisión que tuvo la de Obama, que es la misma que la operación de grandes datos y análisis microscópico, permitió a la campaña de Hillary Clinton.

En las presidenciales francesas 2012 la guerra fue en gran medida digital, en Facebook y tweet a tweet, en este caso estilo Trump. Todos los candidatos contaron con perfiles en las principales redes, y utilizaron estos sitios para exponer programas, atacar, promover los temas de la agenda de campaña, recolectar contribuciones en cualquier especie, reponerse de golpes, salir a golpear. Y, aprovechando el limbo legal en la web, se saltaron las reglas electorales, como Hollande y su canal *Radiohollande*.

Nadie tiene el futuro asegurado. Ningún Titanic es inundible, y aunque pueden esquivarse los grandes obstáculos, las cartas pueden no haber registrado el desplazamiento de un banco de arena en que podremos encallar en el momento menos oportuno. Es preciso reinventarse constantemente, reponerse de los golpes mortales, crear nuevos pasos de baile, sorprender, resucitar. Que la orquesta no deje de tocar, y así nunca dejemos de tener la oportunidad de retomar el ritmo.

Con el iceberg navega el mensaje de que todo puede cambiar en cualquier momento. Nunca podemos dar por definitivas las buenas señales. Porque el principio de la realidad es la vibración, y con esta la desestabilización. Y lo que es hoy bueno, mañana puede ser lo contrario.

Más de una vez Hillary o Donald estuvieron en el frío mar, noche cerrada, botes escasos, y ambos exigieron de su equipo respuestas tipo *fast food*, y no siempre contaron con la respuesta ideal. En particular cuando llegaron los tres debates, el tiempo para echar mano al clásico *El arte de tener razón*, y las 38 "*estrata-*

gemas de mala fe", indicadas por Schopenhauer para salir airosos en ocasiones de este tenor.

El autor de *El mundo como voluntad y representación*, recomienda, como algo primordial, no permitirle al otro llevar su juego hasta el final: "*le interrumpiremos el discurso, le haremos divagar, desviaremos el curso de la discusión y la llevaremos a otras cuestiones*". Y más adelante receta "*aturdir, desconcertar al adversario mediante disparates o palabrería sin sentido*".

Y si luego de hacer uso de las diversas estratagemas seguimos sometidos a la fatalidad del iceberg, porque el otro parece ser muy superior a nuestra capacidad de superarlo, no hay que dudar en "*ser ofensivo, grosero*", apunta el pensador polaco alemán.

Es que, como se probó y comprobó en múltiples luchas electorales, el argumento personal siempre hace más daño que el argumento racional. Se evita el trabajo de discutir una tesis desdeñando a quien la sostiene. O sacando a la luz declaraciones o actitudes del pasado que contradicen la actitud o las declaraciones del presente, esas que han llevado al oponente a la posición de iceberg con que se ha cruzado en nuestro camino.

Una táctica utilizada con profusión por Goebbels, y a la que se ha apelado en todos los contextos y en múltiples ocasiones, consiste en adjudicar al adversario-obstáculo los propios errores. Otra es el silencio ante el error, no contradecirse jamás, ni aceptar contradicción. Opción esta que exitosamente en más de una ocasión puso patas arriba Trump.

En su análisis de alrededor de cincuenta mil órdenes enviadas por el Ministro de Propaganda del Reich a la prensa y la radio alemanas, Werner Hagemann comprobó que la cuarta parte de ellas se referían a adoptar el silencio, y acompañar el mismo de acciones ofensivas para dispersar la atención. Para ilustrarlo, Hagemann cita el año 1935, cuando las persecuciones de judíos escandalizan a la opinión pública mundial, momento en que Goebbels monta una campaña en los medios alemanes contra la persecución de católicos irlandeses por parte de los ingleses.

Antes, en noviembre de 1932, los nazis se estrellaron contra el iceberg: habían perdido dos millones de votos y 34 bancas en el Reichstag. Goebbels salió del paso con un golpe lo suficientemente inesperado como para que sus opositores se desconcertaran y evaluaran erróneamente el panorama. Concentró toda la comunicación del partido en las elecciones parciales de Lippe-Detmold, distrito de 150.000 habitantes, y puso al elenco completo de estrellas del nacionalsocialismo a actuar en ese escenario. El triunfo fue contundente, y la opinión pública creyó que había habido un vuelco en la tendencia general, y que el partido de Hitler era imparable, ante lo cual los banqueros e industriales volvieron a financiar a los nazis. El 30 de enero Hindenburg encargaba a Hitler ponerse al frente de la Cancillería.

Y así podríamos repasar ejemplos de otros estrategas políticos o militares, de Sun Tzu a Von Giap, y comprender de sus acciones que caminos siempre hay, pero el punto es saber escoger cuál nos permitirá sobrevivir a la situación que se presenta fatal, y llegar victoriosos al puerto que deseamos.

CUANDO LA PROA QUE SE ELEVA
NO TE DEJA VER QUE LA POPA SE HUNDE.

En un antiguo ejemplar de la revista El Viejo Topo, observando la red de consensos moleculares en que se basa todo poder centralizado, Umberto Eco afirma que el Estado moderno se sostiene por los microconsensos. Y que, si se destruye la base de esta red microconcensos, si esta red se deshilacha, el sistema entrará en crisis y se hundirá irremediablemente.

En los años sesenta, cuando Estados Unidos era el primer país del mundo en casi todos los aspectos económicos, el 35% de la fuerza laboral estaba afiliada a sindicatos. Entonces llegó Reagan y los trabajadores creyeron aquello de que pertenecer a un sindicato era malo, con lo cual cayó la afiliación sindical, hasta el punto que actualmente la cifra de afiliados es inferior al 6% entre los trabajadores del sector privado. Siguiente paso, con el desplazamiento de los puestos de trabajo a países de salarios ultra bajos, resultado de la pérdida de capacidad de negociación o presión para conservar sus fuentes de empleo por los trabajadores estadounidenses, el desempleo se multiplicó.

Con el debilitamiento de los salarios y las prestaciones laborales en los últimos cuarenta años, la clase media estadounidense se redujo tan radicalmente como la calidad de la educación, de la salud, de la tranquilidad ante el futuro, mientras el vecino Canadá, donde el 34% de la fuerza laboral está sindicalizada, seguía presentando los niveles de clase media que Estados Unidos soñó iban a ser para siempre.

Otra importante razón, paralela a aquella, que explica la erosión sufrida por la clase media es el sistema educativo, que desde la primera infancia a la educación superior era de los mejores del mundo, y desde hace años ha dejado de serlo. La mayoría de los estados no tienen programas públicos para los niños hasta tres años y en edad preescolar, pese a que está probado que es en esa edad temprana donde se construyen los buenos resultados en la educación posterior.

En todo Estados Unidos ha habido radicales recortes al presupuesto de educación, dando como resultado que, por ejemplo, los escolares de este país hoy se ubican en las peores puntuaciones en ciencias y matemáticas entre los de todos los países industrializados. Y el neoliberalismo aplicado en las últimas décadas ha impactado también la educación universitaria, que cuesta tanto que la mayoría de los estudiantes que desearían cursarla no pueden hacerlo. Solo uno de cada cuatro estudiantes que terminan el bachillerato, se gradúa en una universidad.

Quien transita las carreteras y atraviesa puentes que en una época fueron impecables por su conservación, encuentra señales de deterioro y falta de mantenimiento similares a los que puede encontrar en América Latina u otros territorios con problemas crónicos en sus infraestructuras, tanto como en su administración.

¿Qué ha provocado esta situación, que se replica en todos los campos fundamentales de Estados Unidos? Que más del 40% de las empresas no pagan impuestos por una u otra razón, o por aquello que se denomina "*ingeniería fiscal*". Que el impuesto real para los ciudadanos de mayor riqueza es cosa de risa, una cosquilla. Y por estas y otras cosas parecidas a estas, hay entre los ciudadanos esa gran bronca, que se traduce en el apoyo a Trump, como en las filas demócratas se tradujo en votos por Bernie Sanders.

Estados Unidos no ha llegado aun a las actitudes desesperadas de los obreros franceses, que hace unos pocos años, en un contexto de "*destrucción masiva de puestos de trabajo*", como reconocía el Ministro del Trabajo de ese país, secuestraban empresarios, o amenazaban con volar fábricas como recurso extremo para negociar sus reclamos de condiciones de trabajo o indemnizaciones dignas.

Se festejan números hablando de grandes resultados, crecimiento del PIB, ganancias enormes de bancos, fortunas sorprendentes surgidas en pocas semanas, como si dijéramos que se danza en el Titanic, ciegos al iceberg y sus consecuencias aguardando en el otro plato de la balanza.

LA LUCHA POR EL SENTIDO COMÚN.

En los actos de la campaña estadounidense no hubo día en que uno de los candidatos no hablara con vehemencia enfatizando palabras como "*cambio*" o "*valores*", "*somos el país de las oportunidades*", "*somos los más grandes, no lo duden*", "*hagamos América grande*", a lo que el público respondió con esporádicos aplausos, que se multiplicaron cuando hubo ataques al rival, "*ella o él no están capacitados*", "*Trump está mintiendo*", "*Que muestre su declaración de rentas*", "*Hillary es una mentirosa*". "*Hillary a la cárcel*".

Entonces es el momento en que los *fans* corean el nombre del candidato, seguido del nombre del país, U-S-A-, U-S-A-, como en América Latina corearían "¡*Presidente, presidente!*", y el conjunto, según opina la editora de Politikon, además de abrir huecos en los noticieros, contribuye a la salud democrática de los países, ayudando a que los ciudadanos "*se sientan parte del proceso democrático*".

Durante una larga época se creyó a rajatabla en la racionalidad, y por tanto el foco estuvo en los "*problemas*", para cuya solución se redactaban programas a partir de grandes miradas, a las que llamaban ideología. A ese tiempo correspondió el papel dominante del Partido, tras el cual se alineaban los candidatos, las campañas, y al final, como un coro, estaban los votantes sintonizados con un borrador de ideas partidarias, a los que solo había que mostrarles los nuevos candidatos, "*agitar el trapo*" o bandera, para recibir puntualmente eso que hoy denominamos "*voto duro*".

El mundo evolucionó, la información se multiplicó, la atención de los ciudadanos se fragmentó, y la importancia se desplazó del partido al Candidato. Porque comenzó a comprenderse que lo que movía a las personas en momentos de definiciones colectivas importantes, eran los sentimientos, las emociones que habitaban aquel sistema límbico de la hermandad mamífera planetaria.

Se aceleró la circulación de los componentes nuevos de la realidad, y los estrategas políticos electorales recordaron a Frederick Taylor, que hace más de un siglo expandió la mente de Henry Ford cuando, en sus principios de administración científica, descompuso el trabajo en dos componentes: Movimientos y Tiempos. La armonía entre estos dos elementos era la clave para navegar en el confuso mar.

Entonces se multiplicó la información sobre los votantes, y paulatinamente se fue sofisticando el análisis de esa información para afinar la puntería de los movimientos, los tiempos y los mensajes, identificando públicos objetivos casi microscópicamente. Y con esto llegó el relato *transmedia*, la combinación de todas las formas de medios aptos para la lucha por la atención, la emoción, la seducción del votante.

Y entraron en juego nuevos campos de aportes a las estrategias políticas electorales, al comprenderse que, con la aceleración de los flujos de información, ha emergido una verdad nueva: la gente olvida lo que dices, pero no como la haces sentir. Y comenzó a pensarse en que más allá de partidos o candidatos, se trataba de diseñar, sembrar, trabajar Marcas políticas.

Pero se olvidó que, en la noche oscura, donde no aparecen seguridades de que agarrarse, y el miedo se hunde como una garra en los intestinos del alma, el que toma el mando es el viejo cerebro reptil que nos impulsa a huir o pelear. Y en esos términos votamos.

"*La lucha por el poder es la lucha por el sentido común*", sentenció Roland Barthes. Y en el camino de la lucha comprendimos aquello que dijo sabiamente John Hunt: "*No sabemos lo que no sabemos hasta que hacemos lo que no solemos hacer*".

Y aquí un comentario sobre algo que no está viendo ese público objetivo de todas las campañas políticas, ese que "*no sabe no responde*" en las encuestas, y al que tan difícil es sacar de la apatía y la consecuente abstención. En India, un país de más de setecientos millones de votantes, las cuatro quintas partes de la población que no se han beneficiado del crecimiento económico experimentado los últimos años, sienten pasión por votar. Los mueve la certeza de que corrupción y política son lo mismo, como en otros países siente la mayoría y por eso no vota, o le es tan difícil escoger. Pero en vez de abstenerse de ocupar su puesto en la democracia, salvo criticando, en India han aprendido que votar es un derecho cuyo ejercicio les puede cambiar la vida. Y que es muy torpe no utilizarlo.

EL ICEBERG, Y SU PRIMO EL TITANIC.

Con la caída del estado soviético, nuevas lecturas entraron en juego. La *real politik* demarcó el territorio de intervención con aquello del compromiso selectivo, esto es desplegar presencia solo en aquellos puntos del mapa de interés nacional en términos estratégicos. Y acto seguido determinó como herramientas para la expansión del libre mercado, la promoción de la democracia y de los derechos humanos, y poco a poco se fueron detectando los temas de agenda para la escenografía, sucediéndose o superponiéndose desafíos transnacionales como el narcotráfico, la proliferación de armas de destrucción masiva, el terrorismo...

Y al fondo de la escena, la perpetuación de la política de guerra que utiliza como armamento las presiones ideológicas, comerciales, financieras, que se traduce, en palabras de Harry Yarger, del US Army Peacekeeping and Stability Operations Institute, citadas por Leonid Savin como "*el arte y la ciencia del desarrollo y el uso de los poderes políticos, económicos, socio-psicológicos y militares del Estado, de acuerdo con la orientación política, para crear efectos que protejan o promuevan los intereses nacionales en relación a otros estados, actores o circunstancias*".

Hillary cree en ese fundamento de la política exterior estadounidense que usó Gore Vidal para titular uno de sus libros, "*Guerra perpetua para la paz perpetua*", *Perpetual War for Perpetual Peace: How We Got To Be So Hated*, en el que Vidal observa los grandes actos terroristas y otros, más allá de los clichés mediáticos, poniendo al desnudo evidencias, como que cuando se pelea en nombre de la democracia, la libertad, la paz, como en Kosovo en esos días, luego en Afghanistan, Irak, Libia, Siria, en verdad se pelea por el control de los recursos minerales. Ese control es la paz que visualiza Clinton, y sabiendo la dificultad de sostener ese control, piensa que el "*conflicto perpetuo*" es la única realidad.

El proyecto Trump prefiere mirar hacia adentro, y en esa dirección se alinea con aquel principio, enunciado ya en los comienzos de Estados Unidos por John Quincy Adams y otros, "*América Primero*". El proyecto de Clinton es el otro, el que enfrentada a esa consigna guía, el de la Francmasonería y la misión mesiánica de recrear el mundo a imagen de Estados Unidos, al que luego se sumó la corriente mesiánica judía.

El presidente Franklin Delano Roosevelt, de cuya poderosa mujer Eleonor se declara absoluta admiradora Hillary Clinton, era francmasón del grado 32. Por eso, al fondo de sus tres gobiernos, se percibe con claridad su intención de trabajar con el *Gran Arquitecto del Universo* en la tarea de inaugurar el *Nuevo Orden de las Edades* (*Novus Ordo Seclorum*). Una obra que, al margen de las grandes palabras, significa en la práctica el deseo de expandir el comercio, las exportaciones y el campo de acción para los intereses financieros.

El "libre comercio" es el objetivo de las guerras de los últimos siglos, tanto como lo es del actual proceso de globalización, como bien aprendió Clinton. La intención fue explícita en la "*Carta del Atlántico*" de Roosevelt a Churchill, acotando los objetivos de guerra de los aliados, como lo fue antes en los "*Catorce Puntos*" de Woodrow Wilson para impulsar la reconstrucción después de los destrozos de la Primera Guerra Mundial, cuyo punto 3 exigía "*la supresión de todas las barreras económicas y el establecimiento de una igualdad de condiciones comerciales entre todas las naciones que consienten a la paz y que se asocian ellas mismas para su mantenimiento*".

En la última década Estados Unidos ha operado simultáneamente como un Imperio alineado con el bien, y sin rival en un mundo unipolar, y como una nación aislada del mundo, proteccionista en lo económico, centrada en ella misma, que limita su participación en bloques militares y políticos internacionales. La propuesta Trump representa esta segunda versión, en tanto la primera correspondea la de Clinton y su respaldo a las guerras en Irak, Afghanistan, Libia, Siria, con el objeto de "*restaurar la libertad, la democracia y brindar seguridad a la comunidad internacional frente al terrorismo*". Es la doctrina de la superioridad del destino estadounidense y, en camino a ese destino, la necesidad de neutralizar cualquier pretensión de potencia, China, Rusia, la Unión Europea, que pueda equilibrar el poder superior que hace posible la hegemonía necesaria para asegurar los intereses de sus empresas.

Es el imperio del bien, la libertad, la democracia, que se impuso en la Guerra Fría al imperio del mal, la mutilación de las libertades, la destrucción de la iniciativa privada. Y que está llamado a "*americanizar*" el mundo, que no otra cosa es lo que significa, en su lectura, el actual proceso de "*globalización*".

Durante décadas Clinton se preparó para gobernar ese Imperio, para ser "*la primera mujer presidente de Estados Unidos*", y la maquinaria demócrata la acompañó en esa dirección, primero llevándola al Senado, luego a la Secretaría de Estado. Y ella se empeñó en demostrar sobre ambos escenarios, su capacidad para ocupar el primer cargo del planeta. Para eso no descuidó ningún frente de emoción, siguiendo siempre el diseño Hollywood: fue la patriota que apoyó convertir en crimen federal el acto de quemar la bandera estadounidense, la guerrera que votó a favor de invadir Irak, que usó la doctrina de "*responsabilidad para proteger*" como pretexto para tumbar al gobierno libio. La que presionó a Obama para apoyar de todas las maneras a los rebeldes contra Bashar al-Assad e imponer una "*zona de exclusión aérea*" como la que impuso en Libia, entusiasmada porque el precio podía una guerra con Rusia.

Hillary Diane Rodham Clinton se mueve por la vida con la marca de su padre, Hugh Ellsworth Rodham, hombre de negocios, hijo de obreros, republicano más que acérrimo cerril , anticomunista radical, que entrenó cadetes de la U. S. Navy durante la Segunda Guerra Mundial, que se consideraba a sí mismo un patriota y veía el bien del mundo como sinónimo del bien de Estados Unidos. Una marca en la hija que fue nítida en el comienzo de la campaña, diciembre 2015, luego de los ataques de terror en París y San Bernardino, que proporcionaron el marco apropiado para que el mensaje de Hillary se centrara en la seguridad nacional, ante la amenaza del terrorismo islámico.

Aunque el candidato de la Asociación Nacional del Rifle y los defensores de la tenencia de armas es Donald Trump, la verdadera reina de las armas como fuente del poder es la candidata demócrata. Ella ama la vida militar. Lo ha dicho y lo ha demostrado de mil maneras. Desde que vivió en la Casa Blanca como Primera Dama, desea profundamente esa casa porque sueña con ser la Jefe del aparato militar más poderoso del mundo, y eso se respira allí. Vivir en la Casa Blanca es vivir cotidianamente esa experiencia, sentirla a cada instante, observando al oficial de la Marina que hace guardia frente al Ala Oeste cuando el presidente se encuentra en la Oficina Oval, saludando a los muchachos de la U. S. Navy que están a cargo del comedor. Sintiéndose segura porque las telecomunicaciones y la enfermería de la casa son operadas por militares, disfrutando la eficiencia con que la infantería de marina se encarga de los movimientos presidenciales en helicóptero y la Fuerza Aérea cuando son en avión. Todo perfectamente militar, como siempre quiso que fuera su vida.

Y está el tema Israel. Por citar un hecho que enmarca la importancia de este tema: Mitt Romney, el anterior candidato presidencial republicano, no es partidario de Trump por una razón fundamental, y es que Israel no confía en Trump. Romney es mormón, un mormón muy influyente. Los mormones son un grupo que suma millones de miembros disciplinados, con fuerte estructura financiera, equipos de lobby eficientes en el Congreso, y, sobre todo, lazos fuertes con Israel y el "lobby israelí" en Washington. Un lobby que concentra sus baterías en favor de Clinton, que ha sido siempre fiel a Israel porque siente que ese pueblo y el de Estados Unidos comparten un mismo interés en el mundo. Aunque en verdad a Hillary no es el pueblo común y corriente el que le interesa, sino esa pequeña parte del pueblo para el cual el mundo son sumas de dinero y poder.

Clinton ama el dinero tanto como Trump, pero por sobre el dinero ama el espíritu militar de Israel, por eso ha prometido incrementar al máximo el apoyo a su gobierno contra las pretensiones palestinas y su terrorismo. En cuanto a Siria, no cejará, como lo demostró en Libia, hasta derrocar a al-Assad, así sea al precio de sumir ese país y su región en un caos similar al que dejó la operación contra Gadhaffi. Para lograrlo aumentará el apoyo que ya viene dando el gobierno Obama a la alianza de hecho entre el reino wahabita de Arabia Saudí con Israel, así la operación destructiva contra el eje Irán-Siria-Hezbolá ponga al rojo el riesgo de una guerra con Rusia. Y para debilitar a esta, apoyará con todos los medios y en todos los escenarios la posición de Ucrania. Una actitud por la que gente como Ralph Nader advierten sobre la posibilidad concreta de que una presidencia de la señora Clinton conduzca al país directamente a una Tercera Guerra Mundial.

Frente a este proyecto, la versión del "*Make America Great Again*" de Donald Trump no parece ser la de Ronald Reagan, anterior usuario del slogan. Al tiempo que mima al ego medio de los ciudadanos que adoran la imagen de país fuerte, la versión cortoplacista de Trump interpreta el hartazgo con la guerra del americano medio, y alineado con él se opone a la participación de Estados Unidos en Irak, habla de disminuir el gasto militar que significa respaldar a Japón y Corea frente al viejo fantasmón comunista, propone disminuir el apoyo a las Naciones Unidas, e incluso retirarse de la OTAN.

Trump ha reiterado en todos los escenarios que acabará con la peligrosa demonización de Putin, y que su interés será incorporar a Rusia en el primer plano de las relaciones comerciales con Estados Unidos. Trump es un empresario, no le interesa la ideología, es un pragmático. Está a favor de reconstruir la infraestructura del país en vez de gastar el dinero en guerras por el mundo, en las que el simple vuelo de un caza bombardero cuesta lo mismo que construir cinco kilómetros de carretera.

A Trump no le preocupa el mesianismo ruso, aquella pretensión de "*Tercera Roma*" cuyas actividades, bajo presentación zarista, soviética o rusa a secas, ponen los nervios de punta a otros, y así justifican a la línea Clinton en el planteo de "*conflicto constante*", como definió el esquema Ralph Peters en un artículo sobre estrategia militar. "*Trump, no teme a Putin, ese fantasma que levantan los demás*", escribe Pilar Alberdi, y agrega "*Es más, cuando Putin intervino en Siria, el ahora candidato por los republicanos declaró que Rusia había conseguido en tres meses lo que la Alianza de países que decían estar luchando contra el Estado Islámico, es decir, EEUU, Canadá, Inglaterra, Alemania, Francia, Arabia Saudita, Israel, etc., no habían conseguido en años, porque sin bombardear las carreteras, ni los miles de camiones que sacaban crudo hacia Turquía, ni aquellos que llevaban alimentos para compra-venta en las poblaciones tomadas por el EI, no se puede destruir a nadie*".

En tanto Clinton sostuvo en la Secretaría de Estado la conveniencia de desplazar poder naval militar hacia el Pacífico para prevenir las posibilidades de que China se convierta en una "amenaza" militar, a partir de su poder económico, y desarrolló una agresiva política de alianzas antichinas con Estados de la región, Trump propone que los chinos vendan a los chinos y Estados Unidos vuelva a tener empleo, poder adquisitivo, recupere su potencia industrial y desarrolle sin competencias hostiles su mercado interno. En suma, que se concentre en sus fronteras naturales y no salga por el mundo a despilfarrar lo que no tiene.

Áspero, duro, ordinario, desagradable, grosero, violento a veces, Trump es un norteamericano en crudo, y como tal se puede confiar en que estamos ante un representante auténtico de la mayoría de ciudadanos de los Estados Unidos de América. Hillary Diane es la élite. La élite preparada, cosmopolita, bien relacionada.

La campaña demócrata está impregnada del espíritu militar de Hillary. Por eso, mientras la de Trump luce desordenada, la de ella ataca por aire, redes y, sobre todo, moviéndose *underground*. Así ruedan por las redacciones de los medios los avances de un libro, *The Making of Donald Trump*, de David Cay Johnston, ex redactor de The New York Times, Reuters y Al Jazeera, para poner en evidencia el mundo vulgar de su rival.

Ganador del premio Pulitzer 2001 por una investigación sobre vacíos legales en el sistema fiscal de Estados Unidos, y el uso de esos agujeros por Colgate, UPS, Merrill Lynch, Compaq y otras compañías, Johnston tiene la credibilidad necesaria para desacreditar a Trump. Su libro está hecho con material de indudable poder demoledor, enumerando probables delitos fiscales, estafas inmobiliarias y conexiones del candidato republicano "*con el crimen organizado*", como negocios con un personaje ruso con pasado criminal; jefes de la familia Genovese, una de las cinco grandes de la mafia neoyorquina; relaciones con empresas de construcción propiedad de gangsters o sus testaferros; proyectos inmobiliarios llevados adelante en asociación con oscuros personajes que controlaban sindicatos claves vinculados a demoliciones y control de predios en Nueva York. Más que un *bocatto di cardenale,* un verdadero banquete en manos de cualquier equipo profesional de la manipulación y el uso del rumor, que incluye chismes de alcoba, caprichos sexuales con hijas de mafiosos de Nueva Jersey de los que desistió cuando el padre amenazó con cortarle los testículos, regalos de Ferraris y Rolls Royce que a través de sus casinos Donald hizo a algún apostador proveniente de la mafia...

También repasa el autor las cifras del multimillonario, para hacer cuentas y detectar que no es tan "*multi*", como pregona, y al mismo tiempo afirmar que esconde números cuando hace sus declaraciones fiscales. Por ejemplo, Trump dice en los medios que su campo de golf en Los Angeles vale 250 millones de dólares, pero lo declara por 10 millones. Y en esa línea avanza la lupa de Johnston y encuentra que el candidato no pagó impuestos en 1978 y 1979, ni en 1992 y 1994, y tampoco en 1984 que, según los funcionarios fiscales estatales y locales que lo investigaron, fue uno de los años más lucrativos de su historia.

Además, el material incluye una exhaustiva investigación en basureros sentimentales donde el autor descubre, entre condones y tampones, mentiras flagrantes, amantes imaginarias, fanfarronadas dando a entender relaciones con mujeres como Kim Basinger, Madonna, Carla Bruni. Y la conclusión de Johnston es que la casi totalidad de lo que dice o muestra Trump es mentira parcial o total, y que no hay un solo motivo sensato para votar por un hombre que en su vida ha elegido criminales como socios, ha engañado a trabajadores, proveedores e inversores, ha sido incompetente en el manejo de sus casinos, etc., etc.

No es superficial el énfasis que hay en este libro sobre el tema de las mujeres, al que también ha dirigido otras piezas la campaña demócrata. El frente del machismo de Trump, su trato a las mujeres como objetos, trabaja para la intención de persuadir a las mujeres que Hillary las representa, que su causa es la de todas ellas, que su ambición es la reivindicación de ellas, y que votando Clinton están votando por ellas. Una intención que ha tropezado con el pragmatismo de las mujeres jóvenes y de mediana edad, a quienes por sobre lo simbólico les interesa lo concreto, un mismo salario para un mismo trabajo, centros para los hijos de las que trabajan. Y que no ven en la candidata a una mujer en la que puedan confiar, sino una política autoritaria, mentirosa, manipuladora, parte del poder que ha creado y sostenido las condiciones en que les toca vivir.

Donald Trump promete ser "*el mejor presidente para el empleo que ha tenido nunca nuestro país*", y anuncia a los *13-millonarios-13 all stars* que integrarán su gabinete económico. Están en ese equipo John Paulson, un duro de Wal Street, que aumentó sideralmente su fortuna apostando por el derrumbe del mercado hipotecario;

está el rey del francking petrolero Harold Hamm; Dan Kowolski, el personaje clave en la elaboración del presupuesto federal; Stephen Moore, economista jefe de la Heritage Foundation, el *think tank* conservador; Steven Feinberg, del fondo de inversión Cerberus; el banquero y productor de cine Steven Mnuchin, que dirige las finanzas de la campaña presidencial. "*Un grupo formidable de expertos*", anuncia Donald Trump al presentar a sus hombres, especuladores inmobiliarios o financieros, industriales, banqueros, algunos ex miembros de las administraciones Reagan y George W. Bush. Un anuncio que sorprende, como casi todas las señales que emite Trump, y que se recibe a contravía de su mensaje populista, salvo por la justificación de rigor: es gente que sabe, y por eso puede concretar lo que el candidato prometió.

Acto seguido, el hombre anuncia su agenda económica en Detroit, la capital de la decadencia industrial del país, la más famosa víctima de la reingeniería de los negocios, la ciudad casi fantasma que dejó el paso de los días salvajes del capitalismo sin sentimientos ni pudor. Trump dice que es hora de acabar con "*las políticas de Obama y Hillary Clinton, que arruinaron la economía y diezmaron la clase media*", y promete que su plan "*empoderará a los estadounidenses liberando las herramientas necesarias para que todos ganen económicamente*". "El americanismo, no el globalismo, será nuestro credo", resumió su plan, que desregula, rebaja impuestos, pero al mismo tiempo se opone radicalmente a los recortes al estado del bienestar, lo que hizo que algunos medios se apresuraron a calificarlo a lo mexicano, *ni de izquierdas ni de derechas, sino todo lo contrario.*

Y la agencia Moody´s, a través de su economista jefe, Mark Zandi, que fue asesor de John McCain en 2008, torpedea de inmediato analizando que las iniciativas del candidato solo servirán para aumentar la fortuna de los millonarios, al tiempo que destruirán alrededor de 3,5 millones de empleos, incrementando el desempleo en un 7% al cabo de los cuatro años de gobierno.

Trump ha perturbado el orden del Imperio, y los sagrados intereses que ha tocado no dejarán de atacarle en todo momento, aún a costa de hacer alianzas que en otras circunstancias jamás harían. Como un ejemplo, el mismo día en que presenta en la antigua capital del automóvil su plan económico, entra a escena un nuevo *outsider*, *motu propio* u operado por un sector que quiere reforzar el componente del muy difundido "*fuerte rechazo que Trump genera entre los republicanos conservadores*". Respaldado por "*donantes republicanos claves*", lanza su candidatura un ex agente de la CIA de 40 años, y lo hace declarando "*Me presento a la presidencia porque nunca es demasiado tarde para hacer lo correcto, y porque Estados Unidos se merece algo mucho mejor que lo que Donald Trump o Hillary Clinton pueden ofrecernos*". Y en tres horas su cuenta de Twitter, una de las medidas de la realidad actual, pasa de cero a diez mil seguidores.

Paralelamente se multiplican iniciativas como la de una congresista demócrata que abre una campaña en *change.org* para recoger firmas pidiendo que Trump se someta a un examen mental, ya que le consideran "*peligroso*" por "*su impulsividad y falta de control sobre sus propias emociones*", alegando que "*es nuestro deber patriótico plantear la cuestión de su estabilidad mental*".

Anécdotas al margen, la verdad está emboscada en los mismos once estados de todas las últimas elecciones, y el gran ogro, o la gran hada, probablemente volverá a ser Florida, con sus 29 mágicos votos en el colegio electoral, y donde en las últimas diez elecciones presidenciales anteriores a 2016, nueve veces quien triunfó en Florida se llevó la presidencia. La excepción se presentó la vez en que ganó allí papá Bush, 1992, cuando la presidencia fue para el marido de Hillary.

En su libro *El gen egoísta*, Richard Dawkins afirma que somos "*máquinas de supervivencia de genes*". Ahí están para demostrarlo la muchacha de Chicago y el chico de Queens, los rivales que, según un equipo de investigaciones genealógicas, resultaron descender ambos del duque y la duquesa de Láncaster. Esto es, lejanos primos. Lo que comprueba una vez más que, para placer de escépticos, indefectiblemente, siempre, todo tiende a quedar en casa.

Conferencia en la IX Cumbre Mundial de Comunicación Política, Buenos Aires, junio 2016, revisada, *aumentada y reeditada en el contexto del escenario Clinton vs. Trump, agosto 2016.*

ÁNGEL BECCASSINO

LOS ESTADOS UNIDOS DE TRUMP

EDITORIAL OVEJA NEGRA

Fundada en 1969

Made in the USA
Monee, IL
11 November 2026

68341140R10103